中華料理の文化史

餐桌上的中國史

歷史有溫度，每天冷熱生猛的現身在我們吃的料理

哈佛大學客座研究員、
明治大學比較文學教授
張競◎著
方明生、方祖鴻◎譯

CONTENTS

CONTENTS

推薦序一

每一道你熟知的家常菜，都蘊藏著無法細數的文化底蘊

料理研究者、「食之兵法：鞭神老師的料理研究」版主　**鞭神老師**

這本《餐桌上的中國史》是現代人正迫切需要的飲食文化專書。綜觀現在臺灣的書市，日本料理、法國料理和義大利料理的飲食文化書汗牛充棟，這本書有力的填補了我們了解中國菜的知識缺口。

在各種對中華飲食的誤解、輕視、貶低和漠不關心的情況下，本書提供了一整套精心研究，而又條理分明的中國飲食史。這本書與其說是飲食史，更像是一本對於中國飲食的知識考古學，不只詳細的研究文字資料，更深入考究史料。

其實，雖然每個國家的歷史長短不同，但是現在各國飲食文化的定型，都不約而同的成型於這三、四百年之間。其中的原因有一大部分，是伴隨大航海時代而來、新世界香料與舊世界烹調方式的相遇。

以川菜為例，川菜在西元一八六〇年才逐漸成型，名聞遐邇的「麻婆豆腐」，其創始店陳麻婆豆腐的前身陳興盛飯舖，則是在同治元年（西元一八六二年），才在成都的萬福橋邊開業；「宮保雞丁」是丁寶禎在光緒二年（西元一八七六年）年赴任四川總督時，才將山東醬爆雞丁的做法帶入四川，改良成了現在的中式經典名菜「宮保雞丁」。

在日本，華屋與兵衛在文政七年（西元一八四二年）在兩國地區，開了第一間「江戶前壽司店」；近代日本料理常見的處理方式「天婦羅」（編按：將魚、貝類或蔬菜等食材，裹上小麥粉與蛋汁再油炸的料理方式），也是於十六世紀時，由葡萄牙人傳入日本，到了江戶末期，才出現天婦羅攤販「吉兵衛」的記載，這也是日本第一個販售天婦羅的攤販，擺設於日本橋。而日本壽司的始祖「鮒壽司」（編按：是一種起源自日本滋賀縣，將鮒魚給醃漬發酵的帶有強烈異味食品），其誕生的時代可以追溯到八世紀的奈良時代。

法國的第一本食譜《食譜全集》（*Le Viaandier*）也早在西元約一三〇〇年就誕生了，但是一直到十九世紀，法國料理才從原本一次全部上桌的出菜方式，改用俄式一次上一道菜的方式，而法國料理真正在國際間大放異彩，則要等到二十世紀初期法國名廚奧古斯特・艾斯可菲（Auguste Escoffier）出現。

這就是考究飲食文化的意義，藉由掌握我們現在吃得理所當然的菜餚，其背後的來龍去脈，能夠發自內心的尊重這些食物，在享受菜餚的同時，也細細品嘗民族的文化與淵源，當然，也能藉機讓我們看清楚，哪些料理受到過度吹捧、名不符實。

不過書中有幾處與我的認知有所不同。像是在討論餅時，書中認為餅就是圓形扁平狀的麵食，而且是西域傳來的食物。雖然小麥的確是在約五千年前，由中亞兩河流域的肥沃月灣傳入中國，可以加快將去殼的小麥磨成粉的旋轉石磨，也是在西元前三世紀由中亞傳入中國，但是在漢朝劉熙所寫的《釋名》的〈釋飲食〉之中記載著，最初所有的麵食都稱為餅，而在湯中煮熟的叫「湯餅」，這種類似陝西揪片的麵，就是最早的麵條。

也可能是因為本書是以貼近考古學的方式書寫，所以作者的書寫邏輯是縱向、由上而下的，沒有對中華料理橫向流動加以著墨，像是不同省分都有的紅燒肉，在口味和料理方式上的不同；源自江西的三杯雞，到了臺灣後的改良與演變等。

這種縱向的書寫邏輯，在作者對中華料理所做的「上」（魚翅、烤乳豬、北京烤鴨）、「中」（茄汁蝦仁、青椒炒牛肉、梅干扣肉）、「下」（拉麵、餃子、餛飩等麵食點心）的分類上更是一覽無遺。只是中華料理的階級並沒有那麼明顯，就像北京烤鴨一定得配上那張餅、吃梅干扣肉最好要來上一碗白飯、就算是點了廣州大三元酒家的「紅燒大裙翅」，最後也不免要來盤炒飯收尾。就算是食材配料上，中國菜也是講究要切得絲對絲、條對條、雞丁對黃瓜丁、肉絲配青椒絲，對主菜或配菜、食材的上品與下品的區分反而沒那麼仔細。與主菜都以大塊肉塊、深受個人主義影響的歐美料理，或是每道都洗鍊美觀的日本料理相比，融合與平衡，正是中華料理的精神。

●本文作者的料理研究專頁：http://naihaolee.pixnet.net/blog

推薦序二

讓擁有中國血統的異鄉人，在餐桌上為你講一堂歷史課

「深夜女子公寓的料理習作」版主、作家　毛奇（蕭琮容）

在還沒徹底的入境隨俗、享受異國食物時，出國旅行不免在商店街的招牌中，尋找寫著「中華」的料理招牌，用些異鄉似曾相識的亞洲食物，撫慰需要熱食的腸胃。品嘗之後，因為中華料理的在地變體，感到有些困惑，又有些思鄉，有些安慰——這種幽微而複雜的感受，大概就是本書作者張競，開始耙梳中華料理源流的根源。

作者張競一九五三年出生於上海，一九八〇年代中期到日本求學，後來落地生根，在日本的明治大學擔任比較文學系教授。上海人以追求精緻飲食聞名，被稱為「本幫菜」的上海

菜，更具有典型濃油赤醬的特色。然而中國地大物博，從南到北都有不同的菜系與特色偏好，即使身為老饕，也很難簡單用幾句話，概括而論出什麼是中華料理的特色，更別說掌握各地飲食的精髓。面對「你是中國人，一定很了解什麼是中華料理」的期盼，作者因此發揮學者本色，先將中華料理分成三大類，再加以分析其流變，最後得出的結論，足以打破多數人對中華料理的既定印象。

比如以食物階級來分類的：上品是精緻名菜、中品是中國餐館代表菜色、下品是街頭小吃的庶民美食。並且根據歷史材料如《本草綱目》、《食憲鴻秘》、《東京夢華錄》等一一拆解，說明中華料理並非是數千年來靜止的料理道統，而是因為朝代以及王國遞嬗，外來文化、中原本土以及土著的混和。

舉例來說，現代以辣味為賣點的川菜，要一直到明朝末年辣椒才從墨西哥、祕魯因為大航海時代傳入中國。在清朝道光之後辣味才進入常民味覺，在這之前，其實中國人習慣的味覺，是來自花椒的麻。

此外，料理與飲食絕非簡單的生物進食活動，透過規範還構成扮演社會禮儀的重要元素，表現出中國文化的倫理，敬天法祖的祭祀精神，以象徵意義流傳至今。因此可以這麼說，我們每天的餐桌，實際上都是歷史精華的集結，更是文化的完成。

旅居日本二、三十年的經驗，讓作者在返鄉考察時，更能敏銳的感受出，改革後「新中國」的發展下，中華料理的內容變遷。好比港式料理，夾著香港作為前英國殖民地強大的經濟實力，以及新潮的文化形象，大舉席捲內地。重商性格的港式料理以及廣東菜，以吉祥招財的寓意受到了大眾歡迎的同時，普及了菜名中的廣東方言。另一方面，多虧政治變遷及移民使然，臺灣和香港在當時的時空背景下，得以保存更多原汁原味的各地經典菜。

透過這樣一位有中國血統的異鄉人，他展現學者精神，認真考究與整理，帶我們了解什麼是「中華料理」，從中看不到擾人的強烈國族意識，試圖擴編中華料理的邊界，反倒以謹慎自制的考究，讓讀者讀來饒富興味，正是本書值得一覽的原因。

譯者序

從分餐到合餐，浪費得恰到好處的中華料理魂

上海師範大學教育學院教授　方明生

本書部分內容一開始在上海的雜誌《上下五千年》上，以短文的形式發表過。後來，我在二〇一四年開始翻譯這本書。不過，一開始編輯將其設定為學生讀物，希望用更簡明的文字，讓更多青少年了解中國的飲食文化變遷，因此當時的內容有稍做簡化。

此次蒙大是文化有意出版本書，使得本書能以更完整的形式出版，因有前面一段經歷，作者慷慨提出，此書的中文翻譯還是由我擔任，這是我的榮幸，也是責任。

翻譯之際，總會有一些相應的想法掠過，但時間一過，如果沒有記錄，很快都會遺忘。本書雖以通俗的筆調描繪「中華料理」的歷史變遷，然其內在蘊含著對整個中華文化深層的研究。因此，最後還是想把翻譯時較深刻的體會記錄於此。

防止食物浪費，重返孔子時代的分餐制？

中華飲食文化的一個典型現象就是合餐。在中國傳統最重要的節日「春節」，多數人家會以合餐的方式，把家人都找回來吃團圓飯，這個特色甚至成為中國文化的代表之一。但這種飲食方式有不少弊端，其一就是浪費。二〇一三年，中國中央電視臺（ＣＣＴＶ）製作了一部《舌尖上的浪費》特輯，其中提到：「全中國每年餐飲業浪費的蛋白質和脂肪，分別高達八百萬噸及三百萬噸，相當於倒掉能養活兩億人一整年的食物。」這個數字來自於中國農業大學的調查。據說，此調查是選取了中國大、中、小三類城市中，兩千七百家不同規模的餐飲相關店家，進一步分析該店家餐桌上的飲食情況，進而測算得出。

但從大多數中國人的經驗來看，這樣評論並不為過，中國人在聚餐時，確實存在著浪費問題。其他弊端，如吃大桌菜容易傳染疾病，飲食種類數量不均衡、容易過度飲酒和用餐時間過長等。因而許多媒體與研究報告，紛紛提出合餐制的弊病，並提醒應於聚餐時，預防浪費食物的狀況、節制飲食，也有人提出應像孔子時代那樣，實行分餐制。

但是否真的可能就這樣返回孔子時代，實行分餐制？從文化角度去分析，恐怕不會那麼簡單。特別是飲食方式與住宅空間、家具樣式，從這幾點做古今對照，就會發現回到過去可不是這麼容易的事。在講述歷代住宅空間與家具樣式變化的名著《一章木椅》中，提到自春秋乃至魏晉時期，當時的室內布局與家具樣式，較接近日本和式住宅的格局：多半使用矮桌，人們席地而坐。本書的第六章中也提到，至隋唐之間，古人才開始使用桌椅。由於這種住宅空間與家具樣式的變化，中國人的用餐方式，漸漸走向同桌共餐的情況，也不像以前那樣嚴格的分配食物。

然而，對於這樣的推論有些人持反對意見，他們的根據是，歐洲使用高腳家具的歷史比中國悠久，但歐洲從文藝復興末期才開始流行分餐制，一方面是出於對飲食衛生的要求，另一方面則是強調獨立性。這些人進一步人認為，唐宋之交是中國由門閥士大夫社會，轉變為科舉士大夫社會的關鍵時期。與拘泥於繁文縟節的門閥不同，藉由科舉制登堂入室的新科官僚，他們雖然也有等級觀念，但在生活方式上，卻遠不及士族的精緻。可以說，合餐制是下層飲食文化「向上影響」的表現。這種說法有其道理，但自古以來，無論是庶民文化或貴族的習慣，只有好的習慣才會被沿用下來，因此從分餐制走向合餐制，想必有其背後重要的理由。當然，不浪費食物是值得推廣的美意，但如果太過激進的建議乾脆改回分餐制，似乎又有違反文明進步之嫌。

奢華中見樸實的料理精髓

上海方言中，以「濃油赤醬」形容味道濃郁的菜餚，中國菜中調味往往偏重，或調理步驟相當費工，這也是多數人對中國飲食文化的既定印象。關於這種過度的使用食材、過度的烹調、過度的餐飲方式，本書作者張競，在他的另一本關於中國飲食文化的書籍《中國人的胃》中，有一段特別談到了這一點，並提出了他的看法：「高貴的中華料理，從烹調、用料上看似浪費，其中隱藏著物盡其用的美意。」

如《齊民要術》裡的「炙豚」（烤乳豬）、清代《醒園錄》裡的「繡球燕窩」、《隨園食單》裡的「煨鹿筋」等料理，其調理方法可謂登峰造極，但在這種浪費或過度加工中，卻隱藏著某種合理性，促使料理的多樣化與進化。如因為浪費了很多麵粉，才有現在素食中的主角「麵筋」；只取部分最頂級的食材，才會出現「煮蹄筋」之類，將動物特殊部位加以料理的菜餚；因為將料理過度的加工，才會有剩下來的材料，如現在高級飯店才會出現的名菜「魚翅羹」，就是將「紅燒大排翅」剩下的食材加以料理而成。從這一點來看，可見中式料理對美味的追求，後來甚至出現代表所有高級佳餚的成語「魚翅海參」，其中魚翅、海參這類能襯托高湯鮮味的珍饈，可以說是中國飲食文化的「過猶及」的象徵。

不過，中國料理也有另一個面向，即保持物質本色的原始的料理法，以及清淡、樸素的烹調法。就像本書第一章提到「生肉為膾」，這相對於日本料理的「刺身」，古代中國也有食用生的肉、魚的美味佳餚。這顯示中國古時就有生食的習慣，且這種生食方式，不是因烹調方法匱乏，不得不這麼吃，而是為了追求美食的極致。比如《論語》中，人們熟知的「食不厭精，膾不厭細」的說法，就有追求極致美味的意思；成語「膾炙人口」，顯然原本與吃有關。

而其中最為登峰造極的，就是所謂「金虀玉鱠」（虀，音同「雞」）。《說文解字》中解釋「膾，細切肉也」，這裡的「肉」也包括魚肉，因此魚肉的膾，有時也就寫作「鱠」。所謂「玉鱠」，在《太平廣記》中有這樣的記載：「收鱸魚三尺以下者作乾鱠，浸漬訖，布裹瀝水令盡，散置盤內，取香柔花葉，相間細切，和鱠撥令調勻，霜後鱸魚，肉白如雪，不腥，所謂金虀玉鱠，東南之佳味也。」而「金虀」，則在《齊民要術》的〈八和虀〉第七十三篇中有這樣的記載：「諺曰：『金虀玉膾』，橘皮多則不美，故加栗黃，取其金色，又益味甜。」原本「八和虀」就是肉類生食的最頂級調味料，「金虀」更是其中的極品，以至於「金虀玉膾」這個成語，等同於後世的「魚翅海參」，成為美味佳餚的代名詞，也是中國頗具歷史的經典名菜。

然而，前行的文明不太可能再返回，猶如改成簡體字的漢字地區，要返回使用繁體字的時代有其困難。這次《餐桌上的中國史》以繁體字的形式出版，雖費了一些功夫，不過能看到繁體字的版本，感到更貼近古代文字的端莊，也有一絲欣慰。

作者序
在日本找到消失的中華文化與味覺

拙作《餐桌上的中國史》中文版問世，作為著者感到格外欣喜。感到欣喜的原因有三。其一，本人在日本從事教育研究多年，迄今出版了日文著作近二十本，其中既有翻譯成英文的，也有翻譯成韓文的，但還沒有翻譯成中文的版本，儘管兩岸有些出版社多次表示了意向，最終都不了了之，多少有點令人遺憾。這次大是文化獨具慧眼，本書才得以和中文讀者見面，故感到格外欣喜。

其二，本書的譯者方明生教授既是大學的同窗，又是幾十年來的知音好友。雖畢業後各奔東西、專業各異，但同為人文科學的研究者，偶爾相遇、煮酒論文，頗為投機。方教授又是譯著頗豐的翻譯家，能請到這麼一位高手翻譯拙作，既感到誠惶誠恐，又是萬分欣喜。校閱翻譯稿時，回想當年螢雪夜讀……往事歷歷在目，不由感慨萬分。本書的中文版既是學問上興趣相投的結果，也是長年友誼的結晶，同時又為我帶來了一份同窗的溫暖。

其三，繁體字的出版對我來說也是一個意外的欣喜。本人對漢字簡化很不認同。漢字是一個有機的語言表達系統，其書寫形式不可隨意改變，一旦改了則駟馬難追。不僅大陸的文字改革是一大敗筆，日本的「略字」也是失敗。簡體字的字體，其美感受到了很大損害，在漢字的表達、以及理解文字原意上也增添了不少困難。我一直夢想能有機會，寫一部繁體字、直排的線裝書，以列之於古人之末席。線裝本雖不可望，但第一部中文譯著就是以繁體字出版，是我始所未料，也是感到格外欣喜的原因之一。

中國失傳的習俗，成了現在的日本文化

排除上列的個人因素，撰寫本書的目的有二。一是探討飲食文化的細節，在這個層面上，我執筆時首先想到的是，一般讀者對於中華料理有許多誤會。比方說，中國文化有五千年歷史，人們往往模模糊糊的認為，現代的菜餚也有著同等悠久的歷史。然而具體考證起來，可知並非如此。

歷史大河大浪淘沙，有些食物確實從古代延續到現在，但更多的是隨著時光流逝，而消失在歷史的黑暗中了。即使古代持續下來的食物，烹調加工方法也不一定相同。隨著農業技

術的發展、農作物品種的增加、交通運輸的發達、以及外貿的擴大，食物的品種越來越多，食品加工及烹調法也多樣化了。人追求美味的欲望永無止境，飲食文化不斷在變化，但許多細節並未記錄下來。

本書根據史書中的蛛絲馬跡，查清了一些食物和料理的來龍去脈。有些問題不僅僅依靠史料考證，還進行了實踐驗證。我本來就喜歡下廚，只要有菜譜，即使介紹得很簡單，大致都能復原古籍上的菜餚出來。實際的烹調經驗，也起到了辨偽存真的作用。儘管如此，仍留下不少課題和疑問，有待進一步探討。本著實事求是的精神，對沒有確實把握的問題，我不會勉強做出結論。生活文化史的細節甚為複雜，要還原文化史真相，不是靠一、兩個人的努力就可以達到目的，可能要花幾代人的時間。本書之探討涉及生活中的一些小知識，希望讀者能感興趣，開卷有益。

第二個目的是對文化史的再探討。我的專業是「比較文學與比較文化」。在日本，比較文化史研究是「比較文學與比較文化」的分支。本書從其內容看，涉及多處飲食文化的細節，顛覆了許多常識，其實都源自比較文化史的研究方法。

此外，我之所以對這個課題感興趣，很大一部分原因和接觸異文化的經驗有關。我是一九八五年來到日本的，迄今在日本居住了三十年有餘，有超過一半的人生是在日本度過。

剛到日本時，有許多新奇的體驗。我們皆知道中日文化似同非同，但可能很少人會注意到，中國早就銷聲匿跡的文化習俗，如曲水之宴（編按：源於中國的流觴曲水，是奈良、平安時代，流行於日本貴族間的娛樂活動，人們在初夏祓禊後坐在河渠旁，將酒杯隨著水流而下，酒杯停在誰的面前，誰就取杯高歌並將杯中的酒飲盡）、盂蘭盆節（編按：類似中國的中元節，在隋唐時期中國的盂蘭盆節傳入日本，後來與當地民俗結合，在盂蘭盆會上眾人會聚集跳著名為「盆踊」的舞蹈），喝屠蘇酒等習慣，在日本都得以保存至今。

我上小學之前，上海還有盂蘭盆節，但後來由於政治原因消失殆盡。沒想到在日本不僅保留了下來，而且是個很重要的祭祀日，雖然內容和形式已和原來大相逕庭，並改成了陽曆，但畢竟仍保存節慶的原意；還有，日本有一種名為「外郎」的點心，又稱「外郎餅」（見圖表0-1）。據傳有一位叫陳宗敬的醫生，在室町時代（西元一三三六年至西元一五七三年）移民到日本。他的後裔曾經給戰國時代的大名（編按：日本封建時代對一個較大地域領主的稱呼）北條氏綱獻上了一劑藥，此藥既可用於醫治消化道疾病，也有祛痰作用。因該藥做成糖果一般，後來就成了小田原的特產。傳到名古屋後，又衍生出用糯米粉做的「外郎餅」，現在許多地方都有類似的食品。也有一種說法是，「外郎」原是服用中草藥時的甜點心，用以對沖苦味。每看到「外郎」，我不禁想起上海城隍廟的「梨膏糖」（見圖表0-2）。

但「外郎」的製作方法要簡單得多，用米粉和黑糖即可。

再如聽到日本的雅樂，便會想像唐朝人聽的音樂或許與之相近，就好像跨越了時間，進了古代。日本就好像一個活的文化博物館，許多中國失去的事物，在這裡都可以找到痕跡。這種體驗對我有著一種震撼心靈的作用，於是就會想到，日本是否還有其他留存的中國古文化痕跡？物質文化雖經過兵荒馬亂的年代，終有幸留存下來。但音樂、舞蹈或食物的製作及烹調方法，都依賴於身體的運作，須靠身教口傳，許多已消失在歷史的長河中了。

這樣的文化衝擊與體悟，促使我對了解中國古代文化史的細節，產生濃厚的興趣。譬如筷子橫放還是直放；吃米飯時古代人是用手、湯匙、還是筷子等問題，如果不來日本，就不會想到。日本文學家佐佐木幹郎曾對我說：「如果你不來日本，可能根本不會想到要寫這

圖表 0-1　外郎餅

圖表 0-2　上海的梨膏糖

▲ 外郎餅及梨膏糖從外形上看起來有些相似。

類的書。」他的話可以說是一針見血。

值得慶幸的是，日本保存中國古籍的工作做得很好。我任教的大學圖書館裡，幾乎應有盡有。有些中國已軼失的古書，在日本還找得到。在撰寫本書期間，最使我感動的是，在大學圖書館裡借到線裝本的原版《玉函山房輯佚書》，宣紙已有蟲蛀的痕跡，但字跡依然清晰可讀。大學圖書館的藏書，大多為教員訂購之書籍。日本學者搜書之廣博，嗜書之情深，從中可見一斑。

中國歷史五千年，中華料理呢？

在一九八〇年代的日本，對中國文化普遍有一種敬仰心情。談起中華料理，必冠以「有五千年歷史之久」之類的褒義詞，連「麻婆豆腐」、「青椒肉絲」等家常菜也不例外。當時便感到疑問，這些菜是否真的有四、五千年之久？想起中國的電視歷史劇也是一樣，古代聖賢英雄飯桌上的菜餚，竟然和現代相差無幾。看過達文西（eonardo da Vinci）所創作的《最後的晚餐》就可知道，十五世紀的繪畫中，宴會的餐桌上，只有寥寥無幾的葡萄酒與麵包，隱隱約約可見一點羊肉。儘管繪畫中描繪的聖餐，受《聖經》的約束，但大致可以推測當時的飲食可能也相差無幾，一直到中世紀，歐洲人都吃得非常簡單。其實不要說歐洲，即使中國也是如此，看看《韓熙載夜宴圖》（見圖表0-3）就可知道，上流社會的飲食也比較簡單。古代所謂「花天酒地」、「酒池肉林」其實沒有幾道菜，和後世人們的想像有很大的出入。

這實際上牽涉到一個學術界矚目的問題，即所謂「傳統」到底指多久。英國歷史學家霍布斯邦（Eric John Ernest Hobsbawm）曾編輯過《被發明的傳統》。他在序論中指出，許多英國的所謂傳統，往往被認為年代久遠，其實究其起源和歷史很短，而且不少還是人為製造出來的。《被發明的傳統》一書最初刊登在歷史雜誌上，之後作為單行本出版，對學界影響很大。

《被發明的傳統》中探討的「傳統」大多為儀式，其實衣食住行的許多「傳統」，也不一定蘊藏悠久的歷史。我印象最深刻的是日本的「惠方卷」（見下一頁圖表0-4）。這是一種壽司卷，大概有十幾公分長，起源於大阪，包著醃葫蘆條、黃瓜、雞蛋卷、鰻魚、肉鬆、椎

圖表 0-3　《韓熙載夜宴圖》

▲ 五代十國南唐畫家顧閎中的作品。（圖片來源：維基百科。）

茸等七種食材，代表著「七福神」。據說立春前一天的「節分」吃了會有好運。對年輕人來說，也許會把它視為「傳統食品」，其實這是人為製造出來的習俗。

我親眼看著這種食品，是如何進入市民生活。就在十幾年前，在東京甚至連「惠方卷」這個詞都還沒出現。到了世紀交替時，便利商店先在日本各家分店出售，進入二十一世紀後，部分超市也開始於二月初販售惠方卷。但最初買的人並不多，後來每年到立春前超市就大肆宣傳，現在於東京一帶也相當普及。這是個很好的例子，要炮製一個「文化傳統」，甚至不需要十年時間。

本書並不是追隨霍布斯邦對「傳統」的質疑，而是嘗試著去釐清中華料理真正的傳統。本書原版最初刊於一九九七年九月。二〇一三年六月又以文庫本形式再版。在這期間，中國飲食文化研究取得了較大進展，也有了一些新的發現。趁這次中文版出版之際，我增刪了若干文字。凡有和底本不同之處，均為我的潤色，其責任當然也由我全面承擔。

圖表 0-4　惠方卷

▲ 現在日本人會於「節分」之日，吃惠方卷祈求好運。（圖片來源：維基百科。）

繁體版的序，本無意寫得很長，不料下筆之時，就好像和熟人聊家常一樣，有點一發不可收拾之感，但無論如何也必須就此打住了。嘮叨之處，敬請海涵。如果讀者能喜歡本書，身為著者沒有比此更為高興的事了。

序章

一國（異國）文化的精髓，餐桌上最快體驗

中華料理有著洋洋五千年的歷史。一說到中國菜，就能聽到這句話。然而，五千年前的中國人吃的，和現在的「中華料理」一樣嗎？說到中華料理，在日本無論是電視上的烹調節目、飲食雜誌上的報導，還是烹飪書上的介紹，都少不了這麼一句，但「五千年歷史」的真實內涵是什麼？

閱讀中國的古典，當然不會看到古代人的餐桌上出現「糖醋排骨、茄汁蝦仁、青椒炒肉絲」等現代人熟悉的中華料理；《左傳》、《史記》裡，自然不會有餐桌上出現「餃子、拉麵」的記述。其實，現在中華料理中常見的幾道菜，在宋朝之前根本查不到，換言之，我們現在每天在吃的家常菜，都是**宋朝後才逐漸出現**。

毋庸贅言，中國飲食文化的歷史十分悠久。但正如文化不可能恆久不變，菜餚也不例外。在眾多民族共同生活、不同文化劇烈的交錯、衝突的中國，文化的變化幅度更大、速度更快。在中國地區由於王朝的更替頻繁，各個時代具有支配地位的民族也不相同。每次的改朝換代，就是外來民族與漢民族接觸最頻繁的時機，也是文化擴散與吸收最劇烈的時期，人們的生活型態因而跟著發生變化，連帶著烹調方式、口味，都呈現出不同樣貌。

由此可知，中華料理其實包含著深厚的文化底蘊，以及各民族的飲食特性，那麼所謂的中華料理，究竟指的是什麼呢？提到中國菜，一般人多半會自然聯想到「川菜、粵菜、魯菜」等說法，但很少人會將其統稱為中華料理。多半是在與西餐、日本料理相提並論時，才會勉強用到「中華料理」這個詞彙。

何謂「中華料理」？東南西北大不同

實際上，中國菜很難用一個詞彙定義，因為中國的土地非常遼闊，東南西北方的烹調方式及食材各有特色，因此中式料理很難像日本料理或西餐一樣，給人一致的印象。

現在，在國際上聞名的中華料理，大至可以分為上、中、下三個層次。所謂「上」就是人們耳熟能詳的名菜，如：魚翅、燕窩、鮑魚、烤乳豬、北京烤鴨、東坡肉等；而「中」等等級的料理，指的是多數中國餐廳可以點得到的代表菜色，像茄汁蝦仁、青椒炒牛肉、梅干扣肉、干煸四季豆、佛跳牆等；「下」的層次，則是在街道各個角落隨處可見的中式美食，以及走進中式餐館、小吃店，在菜單一定能看到的餐點，如：麻婆豆腐、糖醋排骨、皮蛋豆腐，或拉麵、餃子、燒賣、餛飩、春捲等麵食類及點心。

魚翅、燕窩、皮蛋、麻婆豆腐，帝王貴妃吃不到

若要細算上面提到的這些菜餚，究竟有多長的歷史。就烹調法來說，都沒有超過四百年。撇開拉麵、春捲等有定義上的問題，本書後面會詳細討論。比如**魚翅**一詞，早在一五九六年前後刻印的**《本草綱目》裡已有記載，但詳細的烹調方式，則到了清初**，在經學家朱彝尊所著的《食憲鴻秘》裡才有相關紀錄。

會產生如此巨大的時間差，可能和魚翅的產地有關。中國本地不產魚翅，歷來都是從日本或東南亞進口。只有遠洋貿易發達後，才有可能做到定期、大量採購。

後來，在趙學敏於乾隆三十年（西元一七六五年）完成的《本草綱目拾遺》、袁枚的《隨園食單》裡，則多次提到魚翅，前者甚至花許多篇幅嘲笑錯誤的烹調方式。由此可以推測，魚翅在當時並非一般大眾可以取得的食材。

現在一般人習慣把魚翅、燕窩放在一起，實際上，這兩種料理出現的時間可是相差甚遠，相較於魚翅，**燕窩與海參在元代**的飲食相關書籍中已有記載。魚翅出現的時間，南方也許還可以上溯若干朝代，而在全國流行起來的時間，大約可以推斷是在清代之後的事。

提到風靡全球的北京烤鴨，它的起源也有各種說法，比較有根據的說法，應該是明代左

右，由南京傳至北京的料理方式，形成北京烤鴨的原型。若考究**正統北京烤鴨料理方式的歷史，至今不過百來年**。

此外，在日本可以看到許多標榜中華料理的餐廳，不過這些店家賣的中餐，多半是四川料理。四川菜，辣味是一個賣點，實際上，**辣椒**可是直到十八世紀，**大概明末左右，才由海路從美洲的祕魯、墨西哥傳入中國**。一開始辣椒只是觀賞植物或被當作藥材，一直到了清乾隆年間（西元一七三四年至西元一七九五年），才開始用辣椒入菜，但民間普遍吃辣椒，則要等到清道光（西元一七八二年至西元一八五〇年）以後。也就是說，各種辣到挑戰人類極限的四川菜的歷史，都未超過四百年。在這之前的四川菜雖辣，但主要是使用花椒。

提到中國菜，一定會想到非常下飯的**麻婆豆腐**。據傳，麻婆豆腐是中國近代一位陳姓老婆婆發明的。按此傳說的說法，則麻婆豆腐的歷史最多也就百來年。蜀人、即以四川為根據地的**劉備、諸葛亮當然未曾嘗過**，連四川出身的美食家蘇東坡，也不可能品味過這道菜。

此外，在外國被稱為「百年蛋」（century egg）或「千年蛋」（thousand-year egg）的皮蛋，其黑漆漆的外表，嚇壞了不少初到中國的外籍人士，是中國的特產之一。實際上，它登上歷史舞臺的時間，距今差不多只有三百多年，在明末戴羲所著的《養餘月令》中，才首次出現皮蛋的製作方式。

還有一道頗能代表中國的名物：金華火腿，與宣威火腿、如皋火腿並稱為「中國三大火腿」。而火腿這項食材，一直都是湯菜中不可缺少的原料，用火腿來熬湯，可以使味道更為鮮美、清淡不油膩。但火腿的歷史淵源，也只能上溯到宋代，也就是說，**楊貴妃肯定未曾吃過，以火腿為材料的湯**。

其他還有一些多數人以為是中國特有的食物，或是歷史悠久的古老食材，很多其實不是中國生產的。例如，中國菜中經常使用麻油，但用以榨油的芝麻據傳是漢代的張騫，從西域帶回來的。最近，有研究指出在雲南、貴州等地有原產的芝麻，但從漢代的東西交通條件來看，芝麻由西域傳來的可能性更高。

不只是芝麻，通過張騫等使節帶到中國的黃瓜、大蒜、香菜、豌豆等，後來都成為中華料理中不可或缺的材料、佐料。另外，冷盤中用來配色的胡蘿蔔，也是宋元時期由西域傳來的，至於我們平常餐桌上常吃到的菠菜，則是七世紀中期從尼泊爾傳入的；幾乎每位主婦都會做的番茄炒蛋中的**番茄，大概直到明朝，萬曆**（西元一五七三年至西元一六二〇年）**年間**，才傳入中國。

華人愛吃飯？這是「最近」普及的習慣

在漫長的歷史中，很少有一種菜餚像中國菜一樣，變化的幅度如此之大。不斷的會有一些菜餚消失，隨即出現新的菜色。歷代文獻中，經常會有一些菜餚僅留下了名字，遺憾的是所用的材料、烹調法都已失傳。

不僅烹飪方式，主食也具有相當大幅度的改變。就在一九七〇年代，還大量生產玉米粉，並以它為主食。令人訝異的是，中國本來也沒有生產玉米。關於玉米的傳入有很多說法，就其種植的歷史而言，一般都認為在四百年左右。傳入之初，主要是被當作觀賞植物，明代中期開始作為糧食，因而受到重視。當時，因為連年的荒年，農業遭受很大打擊。此時，由於玉米對氣候的適應性強、對土壤品質要求也不高，就成為荒年時的最佳主食。

之後由於管理簡單、單位產量高，玉米開始被大量種植，至明末已成為中國很多地區的主要作物之一。清代以後擴展到東北地區，產量一躍成為全國第三位的糧食作物。

一九八〇年以後，中國人的主食又發生了很大變化。據報導指出，受到經濟開放的影響，原來以玉米作為主食的地區，大都改為種小麥，玉米由主食的地位，跌落到作為飼料的地位。

與玉米相比較，小麥作為主食的歷史則非常悠久。特別是磨成粉後，食用的加工技術確立後，小麥占據了中國北方地區主食的位置，長期以來，其地位未受到威脅。但由於最近幾年的經濟快速發展，小麥粉的王者地位開始動搖。近代開始，在北方的城市地區，稻米開始取代小麥，人們食用稻米作為主食的比率年年在增長。

中國飲食文化的歷史，有幾個大的轉型期。在這樣的轉型期，食物和飲食習慣的面貌明顯改變，從食物材料到烹飪方法迅速變化。變化的原因各個時代都有所不同，大致來看，主要可歸納為生產力提高、與西域的交往、外來民族的統治、或是發明新的調味料等原因。料理其實體現整個民族文化，但即便是激進的文化民族主義者，也很少會拒絕異國的美食。現實中很少有人只吃傳統菜餚，而絕對不碰來自異域的料理。縱觀歷史，淘汰的總是乏味的食物，留下的是口感、香氣富有層次的佳餚。對中國人來說，無論材料、調味法、烹飪法出自何處，只要能使食物更美味，就值得不斷的改良。從這種意義上說，**中國菜是吸收了許多不同民族飲食文化的混合物**。也是因為這樣，世界上幾乎所有國家都有中式餐館，因為**不管是哪一國的人吃起來，多少都能嘗到一點家鄉味**。

提到「中國菜」，每個人都有自己的經典菜單

一九九四年八月，我為了進行一項調查，相隔九年半回到了故鄉上海。同行的有幾位是日本人。作為半個地陪，我自以為不僅是採訪活動，交通動線的引導、介紹故鄉知名餐廳或菜餚等，多少還是可以起一點作用。但從下飛機的瞬間，我感覺自己如同劉姥姥進了大觀園。那時候，機場大廳正在舉行汽車展；機場的出口處，幾乎被飯店派來迎接客人的司機塞滿，好不容易招到一台計程車，上車後突然聽到「先生」的稱呼，在感受到時代變化衝擊的同時，也有幾分洋洋得意。回想起那個互稱「同志」的時代，真是感慨萬千。

更令人吃驚的是第二天的餐桌。自以為是本地人熟門熟路，進了餐館、打開菜單一看，卻是一頭霧水：「東江鹽焗雞、西檸煎軟雞、菜膽四珍煲、白灼基圍蝦」……從字面上來看，我完全搞不懂究竟是些什麼菜。這讓我想起來上海之前，在美國的華人街誤闖進一間越南菜館，同樣是漢字寫的菜單，也是讓我看了一頭霧水。沒想到在自己的故鄉，居然也會有同樣的感受。原本我所了解的中國菜，早已不見蹤影了。

談及菜餚，我不僅喜歡吃也喜歡做。到日本前，我每晚一定親自下廚。即便現在，偶爾也會進廚房、開個伙，做蒸甲魚（鱉）、炒田雞、粽子等，加上內人不會煮菜，只要一有

空，就由我來料理三餐。因此對於料理，我多少還有一點自信，提到中國菜，閉上眼睛也能講出二、三十道。然而那次的經驗，卻完全摧毀了我的自信，也印證了中國菜不斷變化、推陳出新的事實。

如同在日本的中華料理餐館，每家店的菜單上一定會有：番茄炒蝦仁、青椒炒牛肉、糖醋里肌、韭菜炒豬肝等，說到「中國菜」，多數人心裡都有自己的菜單：「蝦仁炒蛋、蠔油牛肉、炒黃鱔、青椒炒牛肉、糖醋魚片」等。

一般家庭式餐館的餐桌上，會出現的中式料理基本可分為四種：冷盤、熱炒、主菜、湯。通常先上冷盤，諸如涼拌海蜇皮、白斬雞、掛爐烤鴨、五香燻魚等。熱炒則有炒蝦仁、炒牛肉、炒豬肉、炒魚片等，依據切法與炒法的不同，還可以細分為十幾種。

而主菜則主要是將食材整隻燒煮的菜餚，如：燉雞、燉鴨，或是四、五十公分長的紅燒魚、紅燒蹄膀等。最後是湯菜，比較典型的是雞湯或肉湯裡加魚丸、肉丸、白菜、菠菜、冬粉等做成的什錦湯。一般在幾道菜中間，還要上一、兩道點心。尋常人家的餐桌，若遇到像春節等節日或接待重要客人時，也會備齊上述四種菜餚；平時，有一、兩道炒菜或一道主菜出現，孩子們就會欣喜若狂了。

若是到稍具規模的餐廳或飯店用餐，菜色會更豐富，但菜餚的烹飪方法不外乎蒸、炒、烤、炸，料理方式都差不多。我年輕時是毛澤東的時代，只從上一輩的人那裡聽過魚翅、燕窩、熊掌，在那個年代的海參炒蘑菇、炒香菇就算是頂級的料理了，其他珍品不要說吃，就連看也沒有看過。

我到日本之前，從來沒有品嘗過魚翅的味道。一般人去的地方，雖然也是餐館，但不會出現家裡吃不到的高級菜餚，大概就是過年時，每戶人家餐桌上會出現的菜色，只是味道和擺盤上會比較講究。

上述那些情景，大致是一九五〇、六〇年代以前出生的人對中國菜的印象。即便是在「什麼都吃」的廣東，也沒有太大的差異。翻一翻文革前出版的廣東菜食譜，就可以知道雖然材料上有蛇、貓等別的地方不用的食材，料理方式卻與別的地區沒什麼差別。

這些我們熟知的「中國菜」，到底是什麼時候形成的？翻閱歷代的烹調書，大概是清朝中期的《調鼎集》裡所列舉的菜餚，與二十世紀的「中國菜」最接近。連「冷盤」、「熱炒」、「點心」等用詞，也與近代以後的用詞一致。

不過，《調鼎集》的編撰年代不太清楚，一般認為此書收集了大量乾隆年間至清末的菜譜。同樣是乾隆年間編撰的袁枚的《隨園食單》，內容沒有《調鼎集》那樣詳細，但所提到的烹飪方式與近代的菜餚非常接近，在這一點上兩本書是相同的。明代的烹調書不多，所以無從比較，僅從《居家必用事類全集》來看，**元代的中國菜**與近代的有明顯的區別。這本書上記錄的菜色許多已失傳，令人驚訝的是，**近代菜餚中，主要的烹飪法之一「炒」，只出現了一次**。從這樣的情況看，你我所熟悉的中國菜，可能誕生於明代以後。當然，此後也持續進化中。特別是近代醬油大量生產後，成為中式料理的主要調味料，是相當值得注意的變化。

港式料理大流行，因為好吃又吉利

一九七〇年代末期，中國實行經濟開發政策後，香港菜大舉進入內地。從那時開始，中國人的飲食生活發生了很大的變化。以前的幾種基本菜餚，都從餐館的菜單上消失了，取而代之的是新的菜餚不斷出現。即便是用同樣的材料、同樣的調味料做的菜，味道、外觀也與過去有很大的不同，香港菜開始在中國流行。

比如，廣東菜「白雲豬手」的「豬手」，用的材料只不過是豬腳而已。以往這樣的菜，一定會用上醬油，而這種新的菜餚用的卻是鹽、砂糖、醋。當然，這樣的菜名以前在廣東以外的地區是看不到的。

更有意思的是烹飪方法的變化。以往的烹煮方式，主要有「炒、爆、炸、煎、煮、蒸」

等，其中「炒」是主要的方法。而現在炒的菜大幅度減少，反而出現以前未曾見過的漢字，所表達的新烹飪法。如：「煲、焗、灼、炆（音同「文」，以慢火悶熟食物）、炰（音同「咆」，用泥土把肉包起來烤）」，差不多都是新造的詞，有些甚至是新造的漢字，這些字的詞源都是來自廣東話。

不僅是烹飪法，材料、調味品的說法，也多為廣東方言。比方說：「豆挺」是豆芽的莖、「甘笋」是胡蘿蔔、「紹菜」是白菜、「帶子」是新鮮的貝類、「西冷」是牛的胸脊肉上半部，肉質較鮮嫩的位置；調味品中，「生抽」是味比較淡的醬油，「老抽」是味比較重的醬油，這樣的說法得看到實物還比較容易理解；而「古月粉」就是胡椒的說法，即便是中國人，腦筋還是要轉一下才能理解。因此，像我前面說所述那般，發生本地人讀不懂菜單的事也不足為奇。

即便是相對「年輕」的廣東菜，也有「傳統」的菜和新出現的菜。所謂的新菜色，主要是社會主義中國建立後，與內地在文化上處於隔絕狀態的香港菜。香港文化與歐美文化有非常頻繁的交往，另外，通過華僑商業圈與東南亞，也有各種人員和物資的交往。在這種文化交往的氛圍中，**香港菜餚經常會引進許多新的元素。最明顯的是西餐中的食材、醬汁，以及東南亞的魚醬等。**

此外，菜餚的命名也與內地不同。香港地區的人為了討吉利，經常取一些吉祥的菜名。如：「蓮華仙境」（以豆腐製品為主要材料的素齋）、「四季如意」（四種木耳的炒菜），這樣的菜名乍看菜單，經常讓人猜不透是什麼菜。還有一道名為**「興子旺孫暖鍋」**，看到菜名就令人啼笑皆非，實際上因為這道菜以菇類為主要材料，其中「菇」與「姑」同音，而姑者婦也，有婦則能興子旺孫，故以此命名。

港式早茶反攻大陸

在改革開放以後，結合西方口味以及中國傳統的香港菜，就這樣傳回中國，在轉眼之間席捲全國。

不僅是正餐，以前不被重視的早餐，也受到港式早餐影響。過去，早餐的選擇無非是：陽春麵、饅頭、大餅、豆漿、油條等，還有各種糕點。但現在不同了，直接從香港引進的「早茶文化」大受歡迎，吃法也和香港完全一樣。踏進早餐店，服務生會先問要喝哪一種茶，茶上來後，就會看到服務生推著推車，車上滿是以小碟子盛著的各種點心、小吃，供客人自由選擇。這在改革開放前，即便是廣東也幾乎看不到這種飲食習慣。隨著香港合資企業增加，以及進口港澳物資，早餐的餐桌轉瞬間就被港式的早茶所占領。

這種影響對內地的語言也發生了影響。接下來所提的事，也是一九九四年我回上海時發生的。某天早上，進了一家旅館旁的餐館，對服務生說要點「早點」，對方一副無法理解的表情，隔了一會兒，帶著點輕蔑的口氣回問道：是「早茶」嗎？

為了調查港式早茶的習慣，在中國普及到什麼程度，我特地到上海的「下只角」[1]去看看。而那裡也同樣有提供「早茶」的茶館。

當然，並不是所有人都習慣這樣吃，但是，連較多貧民居住的「下只角」，也開起賣早茶的茶館，可見早上吃「早茶」的習慣，已經深入到上海的各個區域了。這樣的現象不僅在上海，其他城市也是一樣。

這樣的變化不過是十多年前發生的事，僅僅兩、三年的時間，已大幅改變了中國人的飲食習慣。特別是傳媒發達的大城市，人們從電視、報刊雜誌、書籍中了解到廣東菜，並把它帶到生活中來了。書店裡介紹廣東菜的書很多，發行數量也很驚人。例如，當時在香港出版

1 上海在一九二〇至一九三〇年代已是東亞的經濟工商中心，外灘聚集各國際企業所建的洋樓群，被稱為「十里洋場」。當時租界多在西南，有錢人也多住在西南面，而大型工廠多在東北部，貧苦人多住在東北面。因此，人們把商人、洋人、社會名流聚集的地方稱為上只角，而把閘北、南市區為中心朝東北面發展的貧民居住區稱為下只角。

的《廣東小炒》，一九九六年在大陸出版後，再版了六次，發行量達十三萬五千八百冊，可見港式菜餚在當時大陸的流行程度。

聽在上海開餐館的朋友說，繼廣東菜後，潮州菜也廣受好評。同屬廣東省的潮州，其菜餚來源基本上可以說是與廣東菜一樣。後來，則換四川菜成為餐桌上的主流。

令人驚訝的是，這些能在大陸蔚為流行的菜餚，多半發源於臺灣、香港。追根究柢，是在當時改革開放的背景下，跟著香港、臺灣商業菁英奢侈的味覺，引領內地的美食熱潮，可說是從飲食上「反攻大陸」。

中式料理的傳說是「不拘於傳統」

這些年，從歐美、日本進入的速食，也對中國的飲食文化產生強大的衝擊，並改變了中國人的味覺。麥當勞在大陸開的第一家店，就出乎意料的受到大眾喜愛，不僅銷售額直線上升，並在短時間內，就成為市民生活不可或缺的一部分。後來，麥當勞的經營規模不斷擴大，在大陸幾個主要的大城市，都陸續開設了連鎖店，據說，麥當勞在全球銷售額最高的地區就是中國。

另外，肯德基（ＫＦＣ）在中國開店，也衝擊了無數中國家庭的餐桌。本來，雞肉就是中國人最喜歡的食材之一，在重要的宴會上，一定不能少了雞肉料理，不僅如此，遇到家人身體不適、需要進補時，多數人會燉一鍋雞湯，為家人補氣、養身。據說，前中國領導人毛澤東有很長一段時間，也偏愛雞肉料理。後來，大規模的養雞場出現，因飼養的方式而使雞肉的營養價值略為下滑，但中國人對雞肉料理的熱情，仍有增無減。

自從肯德基在上海最繁華的南京路上，開了第一家店後，當地的餐飲店感受到相當大的威脅。中國的雞肉料理，怎麼能輸給美國？因此，有家名為「榮華雞」的中國速食店，直接開在肯德基的對面。

令人意外的是，在這場中美雞肉料理戰中，兩家店居然沒有人因為競爭而倒閉，反而「肯德基」因「榮華雞」而聞名；「榮華雞」因「肯德基」而廣為人知，兩家店的營業額也節節高升。在各自慶賀之際，誰也沒發覺，速食的飲食型態已經在中國扎根。而且，與歐美、日本的印象不同，肯德基在中國一掃「便宜、評價」的印象。很多人在重要的節日，甚至會招待親戚朋友到肯德基用餐。

我的一位日本朋友曾說到一件意味深遠的事。某天，他邀請幾位中國年輕人到家裡作客。除了中式點心外，他另外準備了洋芋片、爆米花等零食。但是，幾乎在場的中國年輕人，都把手伸向那幾種洋味十足的零食。他十分困惑：「中式點心明明比洋芋片、爆米花美味啊。」當天他得到的結論是，外來的口味可能比傳統的味道，更貼近現在中國人的味蕾。然而，這個現象並不是現代特有的產物，中國菜餚能如此多變、富有層次，正是**中國飲食文化，對外來料理接受度相當高的證明**。

從中國餐桌上的激烈戰爭，也能看出中國菜的特徵。在以往的歷史中，吸收不同民族的飲食文化而形成的中國菜，因而富有豐富的多樣性。一般認為中國菜比較油膩，實際上，最早的中國料理，是非常清淡、幾乎不加任何調味。就算到現在，仍有幾道口味清淡的佳餚流傳下來，如：白斬雞、平橋豆腐等，可以說**中國菜幾乎沒有一個定型**，而這也是中國的飲食文化的最大的特徵。

在天地變換、王朝更替、民族文化的衝突與融合的歷史中，無論是食材、烹飪法、飲食禮儀等，中國人的餐桌，一直處於變動的狀態。然而，因為這種動態就如同生活般自然，致使多數人無意察覺，還誤以為這就是所謂的「家鄉味」。

第一部

中式料理有中原、西域、五胡文化底蘊

第一章

孔子的餐桌——從《詩經》、《禮記》、《爾雅》裡找好吃的

01 飯是中國人的主食？孔子沒得天天吃

古代中國人吃些什麼？先不說沒有文字的時代，試想一下孔子的餐桌上會有哪些菜呢？在春秋時代（西元前七七〇年至西元前四〇三年），農耕技術迅速發展、學術繁榮，是中國文化形成的重要時期。

漢民族文明的根基，在那個時代形成了，其文化的精髓為後代所繼承。歷史上，後代的君王視周朝為正統，儒學家則把春秋的政治當作模型，而被封為至聖先師的孔子，則是那個時代典型的士大夫。從他的飲食上，可以大致推測出那時中原地區的餐桌風景。

《論語》中〈雍也〉第六篇記載，孔子擔任魯國的司寇[1]時，曾授予管理土地的弟子原思九百斗的穀物，結果原思不但不接受，還原封不動的退還給孔子了。

從這個故事可以看出，派發穀物是當時支付生活費的一種方法。在貨幣經濟形成之前，世界上各民族都曾出現，以糧食換取等價的物品或服務的狀況，而其中最常用的，大多是作為主食的穀物。之後，稻米成為主食，也變成最熱門的兌換物品。但上面這段文字中所說的穀物指的是什麼，文中並沒有詳細說明。

在《論語》的〈微子〉第十六篇中記載，有一天，孔子的弟子子路在旅途中，遇到了一位隱者。隱者挽留子路住在他家，並用雞和黍米宴請子路，這是當時用來招待貴客的佳餚，也就是說，「黍」在那時候已是上等的食材了。

漢字寫作「黍」或「稷」的穀物其實種類不少，這裡的「黍」指的是「黍米」，別名「黃米」。因為有黏性，通常用來煮飯。另一種沒有黏性的「黍」，則是釀酒的原料。

白飯是高級食材，庶民多半吃大豆

孔子時代的糧食主要有稻、黍、粟、麥、豆等幾個種類。豆是中、下階級的主食。在《戰國策》的〈韓策〉襄王篇章裡中，記載了西元前三三一年至西元前二九六年間，有關於戰國時期，韓國（現中國山西省南部及河南省北部）地方風俗人情的描述。

1 中國古代官名，掌管刑獄、糾察等事。

韓國位於現今的山西、河南交界處，文中描述這一地區土地貧瘠，只能種小麥、大豆。百姓的食物基本上是大豆飯和豆葉湯，如果那一年收成不好，也曾出現連酒糟[2]和糠[3]都沒得吃的情況。這是距離孔子生活的時代，約一百五十至兩百年後的事，人們的主食並沒有太大的變化。從這裡可以發現，在春秋戰國時期，身分地位在**士大夫階級以上的人，才有黃米可以吃**，一般人多以大豆為主食。

在《管子》的〈重令〉章節裡也曾提到：「菽粟不足，末生不禁，民必有飢餓之色。」（大豆和小麥不夠，若再不禁止工商業活動，百姓就要挨餓了），從中可以發現「菽」（大豆）是庶民的糧食。在距離管子存在的時期約兩百年後，於《墨子》的〈尚賢〉裡則記載「是以菽粟多而民足乎食」（因此大豆和小麥都足夠百姓填飽肚子）。可見豆類或穀物豐收時，百姓就不用擔心會餓肚子。在這裡也是把豆類和穀物，同樣視為重要的糧食。

《論語》中用「五穀」來表示糧食的意思，但沒有說清楚「五穀」指的是哪幾種穀物。到了漢代，對五穀出現兩種解釋。《周禮》中的「五穀」，東漢經學家鄭玄將其注釋為「麻、黍、稷、麥、豆」；而《孟子》中的「五穀」，東漢經學家趙歧則將其注釋為「稻、黍、稷、麥、菽」。其中將「麻」（麻的果實）改為了「稻」，其他基本相同。「稷」有人認為是「粟」，有人則認為是「高粱」。如果將粟、高粱算在內，其實有六種至七種主食。

在《論語》的〈陽貨〉第十七篇中曾出現這樣的句子：「食夫稻，衣夫錦，於女安乎？」（在守孝期三年內吃白米飯、穿華麗的衣裳，你能安心嗎？）可見當時稻米的地位，可是與高級的服裝並駕齊驅，由此可知「稻米」在那個時代是比較奢侈的主食。回過頭來思考孔子所居住的魯國，其地理、氣候條件及農耕技術，會發現當地不太適合種植稻米，因此在當地，白飯就成了一口難求的高級主食了。

有錢人家才吃得起小米粥

中原地區稻米是奢侈的食物，大豆則是窮人的糧食，小麥經常和大豆一起被提及，也同樣被視為是比較粗的食物。於是，剩下的穀物就是「粟（小米）、稷、黍」，這三種穀物都是春秋時代有錢人家才吃得起的主食。其中，小米是最高級的主食，受到上流階級喜愛。曾當過官的孔子，很有可能是以小米和黍米（黃米）為主食，偶爾可能還能分配到一點「稻

2 釀酒時濾下來的渣。
3 從穀粒上剝落的外皮。

米」，但絕對不可能餐餐吃白飯。由此可以推測，前面提到《論語》裡出現用「穀物」支付士大夫的生活費，多半是小米或黃米。

有記載證實，當時的貴族是以小米為主食。據《戰國策》中的〈齊策〉記載，魯仲連曾對孟嘗君說：「後宮十妃，皆衣縞紵，食粱肉。」（後宮的十個妃子，都穿著潔白的細布衣，餐餐吃上等的米和肉。）「粱」一詞後來成了高級糧食的象徵，原本是指上等的小米。孟嘗君的領地是山東省騰縣，合理推斷兩千年前的農業技術，還不能大量種植稻米。因此，這裡說的「粱」應該也是小米。

老實說，無論是小米或黃米，以現在的方式烹煮口感都偏硬、不太好入口。若用古代的烹飪器具來判斷，當時的人煮飯的方式，也許是煮熟以後再用蒸籠蒸軟。這樣的煮飯的方式，一直到最近還是中國華北地區主要的煮飯方式，稱之為「撈飯」。

不過，這種先煮後蒸的燒煮方法，會使米中含有的維生素、蛋白質與煮完的湯一起流失，對健康無益。

儘管如此，河北地區的居民大多還是採用這種方式煮飯，這也印證了中原地區的主食過去曾以小米、黃米為主，後來才轉向稻米的過程。只是主食變了，烹飪方法卻原封不動的流傳下來。

閱讀春秋時代或稍晚時期的書籍，其中有一點值得注意，就是依地域的不同，穀物的種類也各不相同。多數人以為，**中國北方的主食是小麥粉製成的麵、水餃等，而南方的主食就是飯，不過從歷史的角度來看，那個時代還沒有出現統一的主食。這其實都是農業技術進步後，才逐漸形成的飲食習慣**。因為在中國，作物生長深受氣候與地形條件的影響，尤其在春秋時期，那時的農家生產規模小、產量又不穩定，所以很難像現在一樣，以一種糧食作為主食。

另外，即使在同樣的區域裡，不同的階層的人作為主食的糧食也不同。即使在中國文明發祥地——中原地區，人民的生活水準普遍較高，「粟、黍、稻米」仍是高級的糧食，只有貴族、官吏、富商、士大夫才能享用。但在南方，稻米就沒這麼高貴了。

02 士大夫不愛豬，捕撈技術決定吃魚吃鱉

春秋時代在菜餚中使用的食材種類很多。《周禮》的〈天官〉中出現了「六牲」這樣的用詞，指的是「馬、牛、羊、雞、狗、豬」共六種家畜。在那個時代，餐桌上會擺上「肉」的機率少之又少，主要是在君主的饗宴或祭祀上，作為祭祀或慶祝的食物。

除此之外，那時候的野生動物和魚類，都只能透過狩獵獲得，只要能抓得到的，幾乎都有人吃。

中國人常吃豬肉？古代貴族敬而遠之

談到中華料理，其中有不少以豬肉為素材的料理，例如：糖醋里肌、麻婆豆腐、紅燒蹄膀、東坡肉等，都會用到豬肉。這麼看來，豬肉彷彿是中華料理不可或缺的要角？而從歷史

上來看，自春秋戰國時期，在中國人的餐桌上就可以看到它的身影。

在《論語》中已可見「肉」的蹤跡。如書裡曾提到：「子在齊聞《韶》，三月不知肉味。」但你可曾想過這裡的「肉」指的是什麼肉呢？現代中國的「肉」指的是豬肉，古代是這樣稱呼的嗎？《論語》的〈陽貨〉中記載，魯國大夫陽貨想見孔子，孔子佯稱不在家，拒絕見他。後來，陽貨為了想辦法見上孔子一面，故意送他一點豬肉，用計讓孔子為了回禮登門拜訪他。

另外，在《禮記》的〈王制〉中記載：「諸侯無故不殺牛，大夫無故不殺羊，士無故不殺犬、豕（豬），庶人無故不食珍」的規定。也就是說，當時的人若沒有重大的慶典或節日，是不太吃肉或擺席設宴，只有在祭祀或貴客到訪時，才可能出現「大魚大肉」的場景。

考慮到當時飼養技術的限制等因素，春秋時代的人若吃肉，多半以豬肉為主，雖然會吃狗肉，但機率應該比豬肉低。也可能因為個人的偏好而不吃狗肉。例如在《禮記》的〈檀弓〉（下）記載，孔子養的狗死了，他叫他的弟子子貢將其埋葬，而不是拿去煮來吃。

既然把狗當作寵物飼養，與豬相比，狗應該不是日常食用的「肉」。因此，在《論語》中沒有明確說明的「肉」，指的應該都是豬肉。

雖然豬肉在歷史上出現得早，不過，豬肉其實算比較低等的食物。直到北宋還不被士大夫、富豪所接受，僅是一般百姓偶爾食用的菜餚。有資料記載，到宋神宗時期，當時貴族的飲食以羊肉為大宗，**御廚一年消耗的羊肉約四十四萬斤**（宋朝一斤約六百八十克），**但豬肉只用掉四千一百三十一斤**，可見其懸殊的差距。

一般百姓吃不起肉，但經常吃魚

前面提到，春秋時期若非有重大慶典，**餐桌上很少會出現肉，一般人家的餐桌上，更罕見肉的蹤跡。不過，尋常人家的餐桌可沒這麼單調**，只吃菜配主食。其實，當時的人最常吃的是魚。

翻開《論語》，幾乎沒有出現關於魚的記載，只有一篇孔子對食物的議論中，有稍微提到魚：「食不厭精，膾不厭細。食饐而餲，魚餒而肉敗，不食；色惡，不食；臭惡，不食；失飪，不食；不時，不食；割不正，不食；不得其醬，不食。」（糧食以精白的為好，肉切得越細越好。糧食發黴、餿掉發臭，魚腐敗發臭，不吃；食物顏色難看，不吃；氣味難聞，不吃；烹調不當，不吃。不到該食物的季節，不吃；肉切割不適當，不吃；沒有合適的調味醬料，不吃。）從這一段可以看出，當時的中上階級，對飲食已經有一定的講究。雖然這段文字有提到當時的人會吃魚，不過並沒有特別註記，那時候的人主要吃什麼魚。倒是在《詩經》中，可窺見一斑。比如《周頌》中有首名為〈潛〉的詩：

猗與漆沮，
潛有多魚，
有鱣有鮪，
鰷鱨鰋鯉，
以享以祀，
以介景福。

（啊，漆水和沮水！捕魚架裡魚群雲集。有鱣（音同「善」）和鮪，又有鰷（音同「條」）、鱨（音同「常」）、鰋（音同「演」）、鯉。用以祭祀神明，祈求洪福。）

這首詩裡，出現了：鱣、鮪、鰷、鱨、鰋、鯉等六種魚的名稱。不過，這裡的「鮪」不是現在人俗稱為「鮪魚」的金槍魚，而是淡水的鱘魚；「鱣」是肉色呈黃色無鱗的魚，大的身長介於六公尺到九公尺，也是鱘魚的一種；「鰷」指的是鱵，俗稱斑魚、桃花魚（鯉）；「鱨」指的是老虎魚（現在稀有），「鰋」是現代人說的「鯰魚」。

在《詩經》的〈陳風〉中出現的「魴」（音同「防」），則是現代漢語中的「鯿魚」（鯿，音同「邊」），體型扁平的淡水魚。肉質細嫩，異常美味。在大陸各地的水產市場上，也經常可以看到。《小雅》的〈魚麗〉中出現的「鱧」（音同「禮」），指的是雷魚（也有說法是指七鰓鰻或鱔魚）。《豳風》（豳，音同「兵」）的〈九罭〉（罭，音同「玉」）中說的「鱒」指的是鱒魚。《小雅》的〈魚麗〉提到的「鯊」在指的是鮈魚。《小雅》〈采綠〉中的「鱮」（音同「雨」）指的是鰱魚。在《小雅》的〈六月〉中還出現了不是魚類的鱉。另外，在《莊子》的〈外物〉中記載了鯽魚。

由此可見，在**《詩經》中出現的魚全部是淡水魚**，而且多集中在黃河流域。其中鯉魚、鰱魚、雷魚、鯽魚，是現代中國很多地區都在食用的魚。但另外七種魚，除了部分地區以外，都不是日常食用的魚。

為何有些魚會從餐桌上消失？這和黃土高原的水土流失有間接關係。黃土高原的地質本來就容易受到雨水的侵蝕，有人認為，冶鐵技術發達後，大量消費木炭，造成森林濫伐問題惡化，加速了水土流失，使得黃土高原以及下游的渭河平原等地也深受其害。一些河流及湖泊甚至因此消失，也使得**許多淡水魚從餐桌上淡出的原因**。

現代中國的四大淡水魚：青魚、草魚、鯽魚、鯉魚中，在《詩經》中看不到青魚和草魚，但不代表這些魚當時沒有人吃。主要的原因是，這些魚大都生長在長江流域，在運輸較不方便的古代，這些魚大部分進了南方人的肚子。

在大規模養殖技術還沒有確立前，除了鯉魚這種生存範圍比較廣的魚，同一民族也不見得能吃到同一種魚。近代以來，隨著遠洋捕魚業的發展，過去沒有吃過的海魚，漸漸開始出現在餐桌上，其中不少成為了日常經常吃的魚。

但在**孔子時代，由於捕撈技術的局限性，內陸地區的人大都吃不到海魚**。現代中國家庭中最常見的海魚，比如帶魚、黃魚、鯧魚等，在當時還完全不為人所知，也沒有文獻記載。

蝦醬是南洋料理？北魏人早就會做了

現代中國的菜餚中，蝦是不可缺少的食材。追溯中國人吃蝦的歷史可能超過兩千年，在《爾雅》的〈釋魚〉中就提到：「鰝，大蝦。」對於蝦的食用方式，最早是生食，在唐代劉恂的《嶺表錄異》中提到：「南人多買蝦之細者，生切綽菜、蘭香、蓼（音同「瞭」）

等，用濃醬醋，先潑活蝦，蓋似生菜，以熱覆其上，就口跑出，亦有跳出醋碟者，謂之『蝦生』。」（南方人多半會買小蝦子，再利一些睡菜、綠薄荷和蓼，並加入濃醬與醋做成醬料，接著把活的蝦直接放進去，再鋪上生菜並蓋上鍋蓋醃製，這時有些蝦會掙扎著並從鍋裡跳出來，也有些會從醋碟裡跳出來，這道菜因此被稱為「蝦生」。）這裡所謂的**「蝦生」，就是現在的熗蝦**。

若吃過中國菜，就會發現有許多料理會用到蝦米爆香。蝦米又稱海米、金鉤，最早出現在《本草綱目》中：「凡蝦之大者，蒸曝去殼，謂之蝦米，食以薑、醋，饌品所珍。」（取體型較大的蝦，蒸熟後再晒乾、去殼，被稱為蝦米，可搭配薑和醋一起食用，是非常珍貴的食物。）

而一般人吃南洋料理經常吃到的蝦醬，在中國北魏時期就有紀錄。在賈思勰的《齊民要術》中詳細〈做蝦醬法〉：「以蝦一斗，飯三升為糝。鹽二斤，水五升，和調，日中曝之，經春夏不敗。」（以一斗的蝦，配上三升的飯，將飯擣碎。再加入二斤的鹽和五升的水，全都攪拌均勻後，放在大太陽下晒，成品可放很久都不會壞。）實際上中國歷代都載有製作蝦醬的方法，而且各有特色。

貴族愛「吃鱉」，忍不住食指大動

家宴上排名頂級菜餚的前三位，是黃鱔、甲魚、大閘蟹。但在古代文獻中，只出現過甲魚（鱉）。同樣的，在當時也是相當名貴的佳餚。《左傳》中記載了這樣的故事：「楚人獻鱉於鄭靈公。公子宋與子家將見。子公之食指動，以示子家，曰：『他日我如此，必嘗異味。』」（楚國人獻給鄭靈公一隻大甲魚。公子宋和公子家正要去覲見鄭靈公，上殿時，公子宋的食指忽然自己動了起來，就讓子家看，說：「遇到這種情況，一定可以嘗到美味。」）這也是成語「食指大動」的由來。從這個故事可以了解，即使是貴族，「鱉」也不是日常能吃到的食物。

鱉的食用習慣，因地區不同而異。民國元老廖仲愷之長子廖承志，曾向訪華的日本作家披露過一則鮮為人知的逸事。一九三六年，中國共產黨領導的中國工農紅軍進入延安時，延河的兩岸遍地都是甲魚。問了當地人才知道，延安（北方人）沒有食用甲魚的習慣，這讓飢腸轆轆的紅軍官兵，可以趁機大快朵頤。雖然，《左傳》中曾寫到食用甲魚的紀錄，但這是楚國（南方人）的故事，從上述的事件中可以推測，即使到了近代中國，也不是所有地方的人都吃甲魚。

與「魚」相比，古籍中「肉」的出現次數很頻繁，且多比喻為宴會上的佳餚。《戰國策》卷四〈齊策〉中記載，賢明的君主齊宣王想用顏斶（音同「觸」）為謀士，就勸說他：「顏先生與寡人游，食必太牢，出必乘車，妻子衣服麗都。」「太牢」原指祭祀時的供奉物品，如：牛、羊、豬等肉類菜餚。這裡用作豪華宴會的比喻，從中可見，當時最高級和最好吃的菜餚都是肉類。

白菜、高麗菜、菠菜，都不是本土蔬菜

關於蔬菜的食用《論語》中幾乎沒有記載。而**從《詩經》上來看，當時的人食用的蔬菜**至少有二十種。主要有豆葉、芹、蓴菜、蕨菜、紫萁、韭菜、葵、瓠子、蔓菁、蘿蔔、薺菜、苦藚、白艾草、花蓴菜、車前草、卷耳草、葫蘆葉、茼蒿、四葉萍。

上面的這些蔬菜，有現在還在吃的蔬菜，也有改變了型態後，留存在現代飲食生活中的蔬菜。比方說，芹菜、韭菜、蘿蔔、薺菜、葫蘆、蓬蒿菜等，直到今天仍然經常在一般人家的餐桌上看到；在杭州一帶，現在仍吃蓴菜，但蓴菜最大的消費地為日本，漢字寫成「蒓菜」。只是這些蔬菜的名稱全都改變了，比如「莪」變成了「茼蒿」或者「蓬蒿」，

圖表 1-1　《詩經》中出現的蔬菜

種類	原文	出處
豆葉	藿（音同「或」）	《小雅》的〈白駒〉。
芹	芹	《小雅》的〈菜菽〉。
蓴菜	茆（音同「卯」）	《魯頌》的〈泮水〉。
蕨菜	蕨（音同「覺」）	《召南》的〈草蟲〉。
紫萁	薇	《召南》的〈草蟲〉。
韭菜	韭	《豳風》的〈七月〉。
葵	葵	《豳風》的〈七月〉。
瓠子	瓠	《小雅》的〈南有嘉魚〉。
蔓菁	葑	《邶風》的〈穀風〉。
蘿蔔	菲	《邶風》的〈穀風〉。
薺菜	薺	《邶風》的〈穀風〉。
花蓴菜	荇（音同「行」）菜	《周南》的〈關雎〉。
車前草	芣苢（音同「佛以」）	《周南》的〈芣苢〉。
卷耳草	卷耳	《周南》的〈卷耳〉。
葫蘆葉	瓠葉	《小雅》的〈瓠葉〉。
蓬蒿	莪（音同「鵝」）	《小雅》的〈蓼莪〉。
四葉萍	蘋	《召南》的〈采蘋〉。

「菲」變成了「蘿蔔」。現在還能在意思上相通的蔬菜名，只有芹、韭、薺等幾種，除此之外，今日菜的名稱與過去幾乎都不一樣了。

前面舉出的近二十種蔬菜中，有一半以上現在的人已經不吃了。

有趣的是，現在種植得最多、在生活中不可缺少的白菜、高麗菜、菠菜，在當時都還沒出現。

03 《論語》、《禮記》其實也是美食教科書

如前所述，《論語》中有「食不厭精，膾不厭細」的說法，在《漢書》的〈東方朔傳〉中也出現「生肉為膾」的主張。這裡的**「膾」，就是將魚或肉切細後蘸醋食用**的菜餚，這與日本的生魚片吃法相同，但和現在中國人的飲食文化有很大的落差。

除了極少數較偏遠的地區，除非菜餚本身的烹調方式限制，基本上，一般人很少生吃魚或肉。即使回想正式的中國菜譜，也沒有生食的菜餚（北京、上海等大城市，從西元一九九〇年代開始，才出現日本料理店並流行起生魚片等可生食的料理）。

不過在春秋時代，吃生食是十分平常的事，孔子也喜歡吃生肉片（膾）。**《禮記》中甚至有記載「膾」的調味品**，春天用蔥，秋天用芥末。吃生鹿肉則要用醬料調味。

吃生肉片的習慣在中國已經失傳了，但在日本卻流傳了下來。現在日本不僅吃生魚片，連牛肉、馬肉、雞肉都切成薄片、沾醬油而食。順帶一提，阿拉斯加的愛斯基摩人，至今仍

保持吃生鹿肉的習慣。

中國最古老的烹飪方法之一是「煮」，最古老的菜餚是「湯」。肉，不管什麼樣的肉，大多是煮透、燉成湯喝。其實，早在孔子時代之前的**殷商時代**（西元前一七五〇年至西元前一〇二〇年），「煮」就是最主要的烹調方式，偶爾會搭配「蒸」的方式料理食物，但基本上**菜餚的型式不是湯就是羹**。

即使是湯和羹，也能做出各種變化。有以肉為主煮成的湯，也有只用蔬菜燉煮而成的。在《禮記》的〈內則〉中記載：「羹食，自諸侯以下至於庶人無等。」表明「湯」或「羹」這類菜餚，從統治者到老百姓，廣泛為當時的人食用，並沒有什麼身分上的差別。

只是在王公貴族的家裡，會用「鼎」煮肉，再將肉放入底部開了小孔、被稱為「甑」（音同「贈」）的炊具裡（見圖表1-2），放在「釜」或「鬲」（音同「隔」）上面蒸，後來也出現結合鬲和甑的廚具「甗」（音同「演」，見第七十二頁圖表1-3）。

而用魚或肉做料理時，也會用「烤」的烹飪方法。古代烤的方式又分成「炮、燔（音同「煩」）、炙」等。「炮」是將肉塗上泥巴後烤，讓火把泥巴燒乾；「燔」就是烤；「炙」則是直接在火上烤。在古代，這些「烤」法可能各有講究之處，可惜製作方式都失傳了。

對於當時大多數的人來說，日常飲食還是以做湯菜居多。因為即使肉的用量很少，加上其他食材後也能做成一道菜，而且能吃得飽。而烤的話，肉沒有準備一定的量就沒辦法烹調。另外，湯菜用醃製的肉也能做，烤肉則只能用新鮮的肉。對於王公貴族來說，取得肉的來源相當多，也不用擔心食材不足，但尋常人家為了盡可能吃飽，多半把肉做成湯菜。

雖然湯菜是當時一般人最常食用的菜餚，但製作方法可不隨便。有的只用肉或魚製作，也有在其中加入蔬菜的料理。不只是湯菜，在那個時代**什麼樣的蔬菜與什麼肉配合，在《禮記》中皆有詳細規範**。例如烹調豬肉，春天配韭菜、秋天配蓼；牛、

圖表 1-2　古人用以蒸食物的甑

▲ 甑是蒸飯的用具，作用類似現在的蒸籠，底部會留小洞。用法是將食物放在甑裡，然後擺在鬲或釜上，透過蒸氣將食物蒸熟。（圖片來源：臺灣故宮博物院。）

羊、豬肉則配花椒，其他的肉則可以用梅子作為配菜。還有在以鶴鶉、雞煮成的湯菜裡，也可以加入蓼菜。這些配料有時不只是作為蔬菜用，也會製成調味料使用。

　從這些記述可以推測，用一種主要食材搭配數種配菜的煮法，在當時已經成形。這種烹調方法也為後世所繼承，成為中華料理的烹飪原則。

圖表 1-3　古代用以蒸熟食物的甗

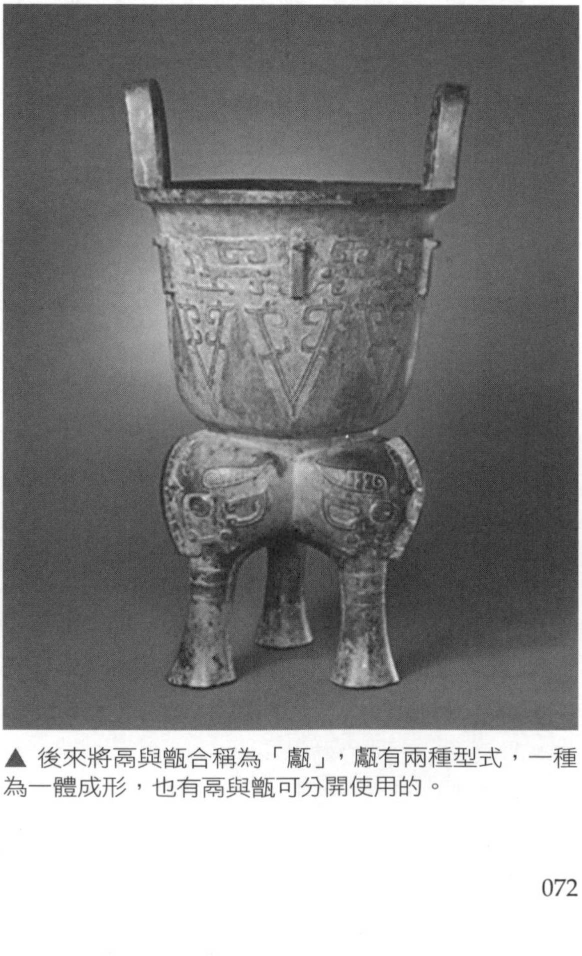

▲ 後來將鬲與甑合稱為「甗」，甗有兩種型式，一種為一體成形，也有鬲與甑可分開使用的。

煮魚，從古至今都是大考驗

若將時間往前推一點，大約在西周時代，人們多半將魚煮來吃。《詩經》中的〈檜風〉、〈匪風〉中有這樣的詩句：「誰能亨魚？溉之釜鬵」。「亨」就是「煮」的意思，這句話的意思就是：「有誰能煮出好吃的魚？先把鍋子洗乾淨再說。」這裡的意思是，要把魚煮得好吃並不容易。在《小雅》的〈六月〉中也有這樣的詩句：「飲御諸友，**炰鱉膾鯉**。」「炰鱉」是指裹起來烤的甲魚。這道菜在當時經常與膾鯉（鯉魚生魚片），一起被拿來招待貴賓。反觀現代的中國名菜，烹飪魚類通常會用油煎或清蒸，反而較少拿來煮湯。但在日本料理中，迄今魚湯還是很常見的。

此外，除了在野外露營或街頭的路邊攤外，現在基本不會直接在火上烤魚來吃。但在《國語》的〈楚語〉（上）裡記載，作為祭祀供物，「士有豚犬之奠，庶人有**魚炙之薦**。」（士大夫階級以豬、狗為祭品，平民則用烤魚祭祀祖先及祭拜神靈。）一般來說，祭祀結束後供品就拿給被眾人分食，因此可以推測，春秋戰國時代烤魚是很普遍的烹調方法。

沒有鐵鍋的年代，怎麼炒菜？

在中國料理中，很多經典料理都是用「炒」的方式製作而成。但**炒菜用的鐵鍋，在春秋時期根本還沒出現**。

目前，中國的冶鐵業始於何時還沒有定論，但可以肯定鐵製農具在春秋時代已經存在，只是同時期的文獻中，並沒有提到有鐵鍋。當然，當時一定還沒有像現代這種鐵製炒鍋。回溯到孔子生活的**春秋時代中期，人們也還沒使用鐵鍋，主要是用陶鍋或青銅製成的鍋子燒煮湯菜**。

炒這種烹飪方法還沒有出現前，蔬菜的烹調法很有限。很多蔬菜不適合蒸或烤，除了做成湯菜外，**主要的方法就是涼拌菜或醃菜**。因此，春秋時代的蔬菜食用方法與現在相比，顯得十分簡樸。

史書中常出現「菹」這個字，指的是醋漬或鹽醃菜的方法。在當時，只用蔬菜做的菜餚為王公貴族所嫌棄，被視為是窮人吃的食物。在《韓非子》的〈外儲說〉（左下）中有這樣的記載：「孫叔敖相楚，棧車牝馬，糲餅菜羹，枯魚之膳……面有飢色，則良大夫也，其儉偪下。」（孫叔敖擔任了楚國的宰相，但外出時乘坐的，還是那種一般士大夫搭乘、用母馬拉的車，吃的是粗糙的飯、蔬菜湯、魚干之類……看起來一副受飢挨餓的樣子。這樣的人太儉省了，即便是個好的大臣，對底下的人來說也太過嚴苛。）韓非子從孫叔敖節儉的舉止，認為他不是個好的領導者，可見**只有蔬菜的湯菜，在當時是很粗糙的菜餚**。另外，在《論語》中也將「菜羹」與「蔬食」，即粗糙的飯食並列在一起。

04 全球唯一所有內臟都吃的民族，理由很虔誠

中國菜與日本料理，有兩個方面很不相同。其一是日本除了魚，在烹調時不會留下動物的原形；另一個差異是，不論是正式場合，還是一般主婦在煮飯時，都不會用家畜的頭、腳、內臟。唯有少數神社在祭祀時，會用鹿頭作為祭品。

我在中國生活時，曾在家裡招待過幾位日本朋友。當時我準備向他們介紹自己最得意的拿手菜：蒸雞。當天我起了一大早，宰了一隻不到六個月的童子雞，將整隻雞放在鍋裡蒸。除了放入紹興酒、生薑以及切細的蔥和少許鹽外，不放其他調味料。

由於蒸的時候沒有多餘的水分，所以味道濃郁、肉質柔軟。奇怪的是那幾位日本朋友，對這道菜完全不感興趣，無論怎麼推薦他們都不動筷子。後來才知道，日本人不吃用整隻動物製成的菜餚。不過只要看不出動物的原形，日本人就百無禁忌，什麼食物都敢嘗一口。

反觀中國人的餐桌，從大飯店到一般人家裡，幾乎餐餐可見整隻動物以原形製成的料

理。舉凡整隻豬蹄直接拿去紅燒、整隻雞拿去煮雞湯，甚至蒸整隻甲魚，都是很常見的菜色。連著名的中華料理北京烤鴨，在讓客人品嘗美味之前，還要先將烤好的鴨子放上餐桌，讓食客觀賞鴨子烤的程度，待客人看得心滿意足後，才開始一片片削下來。這對日本人來說，是非常大的文化衝擊。在日本若吃到烤鴨，一定是先由廚師在廚房裡，完成所有準備工作，等菜端上餐桌時，絕對看不出這道菜的前生是隻鴨，有的店家還會直接將鴨肉包在餅裡才上菜。

順帶一提，江蘇省鎮江市有一道叫做「醬燒豬頭」的名菜，在清朝袁枚所著的《隨園食單》就出現過，是非常有歷史淵源的菜餚。這道菜在製作時相當費工，得先將豬頭去骨，再切成三到四塊燒煮，放入餐盤時，要回歸原本豬頭的形狀才能上桌，由此可見中日飲食文化的巨大差異。

此外，中國菜還有一個很大的特色，就是用了很多動物的內臟。除了肝以外，腎（腰子）、肺、心臟、胃、腸等，都可以變出一道菜。另外，豬、雞、鴨的血，也都可以煮成美味料理。雖然**日本與中國**在文化上相近，但**飲食文化上卻有相當大的不同，造成這種差異的主要原因可以列出很多，其中一個說法，就是與祭祀的規範有關**。

日本人在祭祀時，基本上不使用肉。日本的佛教在祭祀時，會供奉五種物品：米飯、煮菜、豆類（或涼拌菜）、醬料、清湯，當然全是素食；而神道的祭祀儀式中一般會擺上七種供品：米、鹽、水、酒、時令蔬菜、時令水果、有頭及尾的魚（大多是乾魷魚）。此外，根據季節，會再放上年糕或點心。

換言之，在日本不管佛教、神道，都不用家畜作為供品。這連帶影響一般人的料理習慣，除了海鮮之外，日本人很抗拒直接將整隻動物拿來煮，也不吃家禽或家畜的內臟、腳、頭。我想這種心理，與祭祀的習慣是相通的。

先供奉神靈，再祭五臟廟

中國的飲食習慣，也與祭祀慣例有密切關係。古代祭祀天、地、祖先時，都供奉做好的菜餚。佛教傳入之前，中國人祭祀神靈會用「六牲」，即供奉六種禽畜。另外，祭拜祖先時也會供奉已煮好的家常菜。據《禮記》中〈郊特牲〉的記載，祭天的儀式上要供奉牲畜的血；祭祀祖先「大饗」儀式上要供奉生的肉；祭祀土地神（社）和五穀神（稷）的「三獻」儀式上，必須供奉半熟的肉；祭祀其他諸神的「一獻」儀式上，供奉的是與一般人飲食習慣相同、完全熟透的肉。

另外還記載著，古人把牲畜的頭、心臟、肺、肝臟作為供品的情況。為何用這樣的物品當供品，《禮記》中也有解釋：「首者也，直也……血祭，盛氣也。祭肺肝心，貴氣主也。」（**祭祀動物的頭，因為它代表整體……祭祀動物的血，是象徵生命力旺盛。祭祀動物的肺、肝、心，是為了象徵獻上完整的靈魂。**）

《禮記》雖是漢代編纂的讀物，但收錄的內容多以先秦時代為主。

而《國語》的〈楚語〉（下）中也記載：「天子舉以大牢，祀以會；諸侯舉以特牛，祀以大牢；卿舉以少牢，祀以特牛；大夫舉以特牲，祀以少牢；士食魚炙，祀以特牲；庶人食菜，祀以魚。」（天子設宴要備齊三牲，即牛、羊、豬，稱為「大牢」，祭祀時要供上三份大牢；諸侯平時宴客用一頭牛，祭祀時要供上大牢；卿平時設宴用一羊、一豬，此規格稱為「少牢」，祭祀時用一頭牛；大夫平時款待客人用一頭豬，祭祀時要供上少牢；士平時的盛饌用魚肉，祭祀時要供上一頭豬；百姓平時吃菜蔬，祭祀時要供上魚。）《禮記》為中國「祭祀法典」的代表文獻，從中可窺見古代關於供品的詳細規定。

供品得放上原形最有誠意

獻給神靈和祖先的供品，原本一定是要用整隻動物上供。但像豬、牛那樣的大體積較大的動物，很難整隻拿來煮。也許因為這樣的原因，後來簡化成將頭、腿等以身體的某個部位或器官，煮熟後作為供品。即使是佛教傳入之後，這種習慣還是被繼續傳承下去。近代以後，在親人的葬禮、或祖先的忌日上，也經常可見使用燒煮好的全雞、全鴨。

祭祀結束後，供品自然就成了食物。《禮記》的〈郊特牲〉中記載，祭祀的供品，在祭典結束後作為先王轉贈給臣子的食物，臣子應懷感謝之心品嘗，並非是要享用其中的美味。現代中國菜中**以牛、羊的內臟，或豬的頭、腳、腦等入菜的習慣，很可能是源於這種古代祭祀風俗**。烹飪的方法與祭祀也有關係。

《禮記》的〈郊特牲〉中記載，為何祭祀時要供奉不同煮法的肉類菜餚，「腥、肆、爓、腍祭，豈知神之所饗也？主人自盡其敬而已矣！」（在神靈前供奉肉類，用切成大塊的生肉、對切的肉、燙過的肉、煮熟的肉。不知道其中的哪一種能滿足神靈的需求，為盡自己的敬意，只好全都備妥！）從中也可以發現，各種食材的料理方式，曾經與祭祀的風俗有很深的關聯。

05 春秋時代，吃飯不准用筷、不從盤裡夾菜

我小學時讀過一本漫畫，其中有一幕畫出了孔子用餐的樣子。孔子坐在草席上，使用像炕桌那樣的矮桌。但餐具與現在使用的幾乎一模一樣，且手拿著筷子用餐。當時對於這樣的畫面，並沒有感覺到有什麼不對勁，實際上，這裡面藏著一個錯誤。

到底，中國人何時開始用筷子吃飯的呢？據《史記》記載，商紂王（約西元前十一世紀）最初使用象牙製成的筷子。但根據考古學家的研究，中國人使用筷子的歷史，最早只能追溯到春秋時代。

這代表孔子時代的人，的確已開始使用筷子了。暫且不論筷子究竟始於何時，即使當時的人已經開始用筷子，但使用的方法與現在相比，應該大不相同。

《周禮》盡在魯，吃飯不用箸

在《韓非子》的〈外儲說〉（左下）裡，記載了一段頗有意思的故事：「孔子禦坐於魯哀公，哀公賜之桃與黍，哀公曰：『請用』。仲尼先飯黍而後啖桃，左右皆掩口而笑。哀公曰：『黍者，非飯之也，以雪桃也。』仲尼對曰：『丘知之矣。夫黍者，五穀之長也，祭先王為上盛。果蓏有六，而桃為下，祭先王不得入廟。丘之聞也，君子以賤雪貴，不聞以貴雪賤。今以五穀之長雪果蓏之下，是從上雪下也。丘以為妨義，故不敢以先于宗廟之盛也。』」（有一天，孔子拜見魯哀公，在他附近的位置坐下。哀公賞賜孔子桃子和黍米請孔子吃。孔子先吃黍米飯，然後吃桃子。周圍的人都捂著嘴偷笑。哀公對孔子說：「黍米飯不是用來吃的，而是用來除去桃子上的毛。」孔子回答：「我知道這種規矩，但黍米是五穀中地位最高的，祭祀祖先時被當成上等的供品。而桃子是六種瓜果中排名最低的，祭祀先祖時甚至不得入宗祠。我聽過君子以低賤的東西，擦拭尊貴的物品，從來沒有聽過有人反過來這樣做。現在用五穀之首的黍米，去擦拭瓜果中排名等級最低的桃子，這麼做是違背大義的，我不能那麼做。」）

暫且不論孔子說這番話背後的用意，是為了勸諫魯哀公，還是他真的不知道貴族奢侈的用餐方式，從這個情節能發現一個意外的事實：用來除去桃子毛的黍米飯，應該沒有配上筷子。因此孔子才會用手抓著飯吃，這也間接印證了當時的用餐方法。如果是像現在用筷子吃飯，那麼身在周文化發祥地的魯國，又是儒家創始人的孔子，無論如何都不可能用手抓黍米飯來吃。

在《禮記》的〈曲禮〉中記載了**吃黍米飯的正確方式**——「飯黍毋以箸」（食用黍的時候不要用筷子），顯然吃黍米飯時是不用筷子的。《管子》〈弟子職〉中也有「飯必奉攬，羹不以手」（飯用手捧著吃，湯是無法直接用手吃的，要用筷子和湯匙）。

此外，《禮記》中還規範，與有地位的人一起用餐，會在同樣食器中抓飯食用，這時，雙手不能搓。關於這一點，唐代的儒學家孔穎達（西元五七四年至西元六四八年）曾解釋，因為古代人是直接用手抓飯吃，和別人一起用餐時，手一定要保持清潔。如果在吃飯前搓手的話，會被認為是不衛生的，而被其他同席的人鄙視。

還有一個規矩是，與客人或地位較高的人一起用餐，**飯不能捏成團拿起來吃**。這一點，孔穎達也有解釋：在同樣的食器中拿飯食用時，如果把飯捏成一團就會拿得更多，這樣會給人爭搶食物、貪心的印象。但這是指和別人一起用餐時的禮儀，平時這麼做並無大礙。《呂氏春秋》的〈慎大〉就提到，作為諸侯的趙襄子，就習慣把飯捏成團狀放入口中。

到了現在，在江南一帶還保有這種習俗。在當地有一種稱為「粢飯」（粢飯糰）的早餐，一般只能在中式早餐店或路邊攤才能買到。做法是將糯米和粳米按一定比例混合，在蒸籠中蒸熟後，包入油條等食材再捏成飯糰。食用時就是用手拿著吃，不需要用到筷子，吃法與日本的三角飯糰相似。

根據《禮記》的記載，**春秋戰國時代的人吃飯仍不用筷子。只有在取菜、吃羹湯中的蔬菜時才會用筷子**，若是沒有加入蔬菜的湯，就不用筷子。與現在的人一般都是用湯匙喝湯的習慣有些差異。

有趣的是，韓國人用餐時吃飯也不用筷子而用湯匙，取菜時才用筷子。喝湯時，只有湯中有菜時才用筷子，和春秋時代大眾的飲食方式相近。

上菜順序：先吃肉、菜，最後才吃飯

現代中國許多人在同一張餐桌用餐時，習慣在同一個盤子裡夾菜。但**春秋戰國時代的人**幾乎不這麼做。那時候的用餐方式，只有把飯放在同一個器皿中，而**菜餚會按人數先分配好，這種飲食習慣較類似現在日本的分食制**。

在《管子》的〈弟子職〉中有這樣的記載：「各徹其餽，如於賓客。」（各自撤去自己餐桌時，要像撤去賓客的餐桌一樣謹慎而行。）可以證明當時的用餐是分食制。另外還記載著老師們用餐時，侍奉的弟子得不斷巡視，按照情況為老師添加食物。

綜合《管子》中的記述，以及前面引用的《禮記》中的內容，可以推斷當時的習慣是，日常飲食無論飯或菜，都是一人一份。但若有客人到訪，就會準備一大鍋飯一起享用，然而菜餚還是一人一份。

當時對於餐桌上的飯和菜餚的放置方式，就有詳細的規定。據《禮記》記載，在勸來客進食時，飯要放在賓客的左側，湯放在右側；魚和烤過的肉放在最外側。醋、鹽等調味料要放在內側，蔥等佐料則放在外側。

另外，肉類菜餚，帶骨頭的放在左邊，切下的整塊肉放在右邊。從調味料、佐料及食物的放置位置，也可以明顯看出，當時是採行一人一套餐點的用餐方式。

另外，上菜也有一定的順序。同樣在《管子》的〈弟子職〉中有記載：上菜的正確順序是，先上家禽或家畜類製成的餐點，然後上湯菜，最後於用餐接近尾聲時上飯。這當中也記述了如果是老師用餐，弟子應如何侍奉的禮儀。由此可推測，當時多數人的飲食狀況也大致如此。

那個時候開始，中國人對於用餐禮儀就相當講究，例如，在吃飯前要洗手，吃完飯後要漱口等。但並不清楚這種禮儀普及到何種程度，可能也不適用於所有場合。在《禮記》的〈喪大記〉裡提到，用盛粥的器皿吃粥時可不用洗手，但食用竹籠裡的飯時必須先洗手。不過，這裡所記述的是服喪期間的禮儀，所以吃粥時的規定可能是一種例外。飯後漱口的規範，也並非所有人都這樣做。在《管子》中則可以看到，老師吃完飯後用水漱口，學生吃完後則是用手遮蓋，擦去嘴角上的殘漬即可。

一日三餐，是王公貴族才能享受的待遇

關於一天中用餐的次數，《莊子》的〈逍遙遊〉中有這樣的說法：「三湌而反，腹猶果然。」（一日吃完三餐，就不會感覺肚子餓了。）從這樣的記述中來看，**在春秋戰國時代**（西元前七七〇至西元前二二一）**已經確立了一日三餐的觀念了**。

但這與當時一般人的生活習慣似乎有些出入。據一九八〇年代以前出土的木簡上記載，殷商時代（西元前一七五〇至西元前一〇二〇年）**普通老百姓一天只吃兩餐**。用餐的時間也因地區不同而有些時差，大致上是早上七點到九點吃第一餐，下午三點到五點吃第二餐。

早餐以主食為主，一般用餐的量比下午那一頓來得多。到了春秋戰國時代，一般人大致上仍維持著這樣的習慣。在秦代出土的木簡裡就記述著，按一日兩餐的基準分配糧食的規則，從以上幾點可以證明，對庶民來說，一天只吃兩餐。

不僅如此，就是到一九六〇年代，中國還是有許多地區一天只吃兩餐。我在西元一九六六年曾在廣東省珠海市住過一陣子，那時候兄長在陸軍醫院工作，醫院附設的餐廳在上班日會準備三餐，休假日則按當地的習俗，只在早上十一點和下午五點做兩餐。當時並沒有遭遇災害或饑荒，因此可以推斷，也許是當地自古留下的風俗。

由此可知，一日三餐在當時是貴族享有的特權，一般老百姓則是一日兩餐。此後，隨著生產力提升，一日三餐的飲食習慣才逐漸擴展至平民階級。

第二章

科技讓小麥變身翻紅，漢朝開始有酸甜苦辣

01 顆粒狀的小麥，庶（粟）民難下嚥

自文字誕生以來，在中國的黃河流域，當地人有很長一段時間，飲食習慣是以「粒食」文化為主流。

中國本土的穀物種植的種類相當多，各地區作為主食的穀物也有所不同。但要說到比較有共通性的「五穀」，即粟、黍、稻、麥、豆都是以顆粒狀食用。就連古代文獻中，時常出現的麥也不例外。

根據日本學者篠田統的研究，**古代中國所說的麥**，**是**原產於中亞高原、從西方傳至中國中原地區的**大麥**。長期以來，人們都是採顆粒狀進食。關於大麥的原產地有各種說法，但食用的方式倒是相當統一，幾乎沒有看過將大麥磨成粉，製作成其他食品的用途。主要的原因在於穀物中大麥的味道較差、含的麵筋（麥膠）較小麥少，磨成粉後黏性較強，所以**不適合製成麵粉**。這種顆粒狀食用的習慣一直延續到現代，我記得小時候家裡經常煮大麥粥，在

一九六〇年代前期，大陸地區因糧食不足，很多人都以大麥飯為主食。

粟為主食的原因

中原地區以顆粒狀食用穀物的原因，與當時的人以粟、黍為主食有關。根據考古發現，**黃河流域八千年前就開始栽種粟**了。選擇粟為主食自有其原因。首先，粟生長期短，快的話**三個月就可以收成**了。與要花半年時間才能收割的稻相比，種植的週期要短得多。而且氣候的適應性很好，特別是**粟耐旱**，比較適合降水量較少的中國北方。再則，粟**能在貧瘠的土地上生長**，這使得自然條件較差、農業技術水準較低的地區也能種植粟。在**農耕技術尚未發達的時代，粟自然而然就成為一般人家的主食**。

另一個原因是粟有豐富的營養成分。未加工處理過的粟，其所含的蛋白質、類脂質、鈣、鐵、鉀、維生素B_2的含量均高於糙米。即使是加工後的粟，除了以上的成分外，在能量、纖維素、碳、磷、維生素B_1、菸鹼酸等數值上，也比白米高。雖然當時的人可能不太了解，粟含有這些營養成分，但就憑身體的感受，應該也能知道粟是很好的食物。

至於古代人吃的豆也有許多種，以大豆為例，從蛋白質、類脂質、鈣、鐵、維生素等的含量上，都要比粟高，但最大的問題是人體對其的吸收率只有六五％。從這一點上也可以看出來，選擇粟而非以豆為主食有其道理。

過去多數人以為，中國的文明發源自黃河流域，然而這些年的考古發現，中國大陸在黃河流域以外，存在著高度發達的文明。例如長江流域，就考證出比黃河文明更為古老的農耕文化。只是缺乏史料紀錄，過去一直無法證明其存在。而這些地區主要都以種稻為生，因此當地居民皆將稻米當作主食，這與北方人的飲食習慣大不相同。不過，即使南北方的主食不同，但食用的型態都是以粒狀進食，並沒有進行其他加工。

中國何時開始種植小麥？

至於北方人最常食用的小麥，究竟是何時開始在中國出現的？這部分有幾種說法。根據考古學者挖掘的結果發現，西周就已經出現小麥了。二〇一六年，陝西省考古研究院對鎬京遺址進行考古研究時，在當時人填埋垃圾的灰坑裡，發現了碳化的小麥顆粒。這些小麥是西周中期的遺物，雖距今約兩千八百年，但小麥的顆粒形狀仍保存良好。這次的研究也顛覆了「中國開始種植小麥起源於漢朝」的說法。但這無法證明，從西周開始人們就已經將小麥當成主食。

從發現小麥顆粒這件事上我們可以推測，當時的人即使已經開始吃小麥，應該也不是將其磨成粉狀，製成各種麵粉製品，而是以顆粒狀的方式食用。

會這麼肯定的另一個原因是，**中國最早的石磨，出土於西漢中山靖王劉勝及其妻竇綰之墓**。這是一個由石磨和銅漏斗組成的複合磨，**要製作這樣的工具，需要相當高超的技術**。由於迄今還沒有實物可以證明，中國的石磨是從初級階段發展到高級階段，所以目前多數學者還是認定，中國的石磨製作工藝與小麥加工技術，是**隨著絲綢之路一起傳進中國的**。

歷史文獻上所記載的內容，大致上與這種說法吻合。實際上，當時的小麥不是主要農作物，只是在稻作輪耕期間種植的作物。在目前出土的歷史文獻中，也沒有看到小麥被當成主食的紀錄。

02

麵食「粉磨登場」，小麥從粗糧變美食

在漢字中，用「麵」這個字來表示小麥粉。另外，用「餅」這個字來表示，小麥粉經揉捏製作出來的食物。這兩個字在漢朝以前的文獻中都沒有出現過。此外，現代中國的「餅」字，是用來表示經過燒烤、揉捏的過程，以小麥粉製作而成、外型扁平的食物。但在漢代並沒有這樣的意思，當時將所有用小麥粉製成的食物都稱為餅。所以，**現在的麵條、麵疙瘩等，在漢朝都稱為餅**。

漢代的學者史遊，在西元前三十年所寫的啟蒙讀物《急就章》中，出現了「餅餌、麥飯、甘豆羹」等三種食物。其中「餅餌」是「餅」這個字的最古老的用法。當然，餅這種食物本身，可能還可以追溯到更古老的時代。

根據《漢書》卷八〈宣帝〉篇章的記載，漢宣帝（西元前九十一年至西元前四十九年）在即位前，經常到市井買餅吃。可以想見在《漢書》完成的時代，就已經有餅了。

然而，麵粉又是何時開始，出現在中國人的飲食文化中的呢？漢建元二年（西元前一三九年）張騫出使西域，十三年後，也就是西元前一二六年回國。多數人認為，麵粉食物可能就是這個時候，由張騫從西域帶回來的。這個說法目前沒有確鑿的根據，但有極高的可信度。

根據《漢書》裡〈食貨誌〉的記載，漢代中期，董仲舒（西元前一七九年至西元前一〇四年）上奏皇帝，內容是有關於農業生產的諫言，其中這樣寫道：「《春秋》它穀不書，至於麥禾不成則書之，以此見聖人於五穀最重麥與禾也。今關中俗不好種麥，是歲失《春秋》之所重，而損生民之具也。願陛下幸詔大司農，使關中民益種宿麥，令毋後時。」（《春秋》這本史書裡，沒有記錄其他作物的生長情況，但麥和粟收成不好時卻都有紀錄，這裡可以看出聖人在五穀中，最重視麥和粟。而現在關中地區的人不太願意種麥子，這就失去了《春秋》裡最重視的作物，這將為庶民的生活帶來很大的影響。為此，懇求陛下傳令給相關官員，盡快要求關中的百姓過冬時種麥，不要錯過了耕種的時機。）

麥在原文中用「宿麥」兩個字記錄，並沒有明確指出是大麥還是小麥。但這兩種作物都是冬季、也就是在主要穀物收割之後，才開始栽種的作物。當時在陝西省附近不太種麥，是因為當地人不太喜歡麥這種作物。古代不管是大麥還是小麥，以顆粒狀食用的麥，都被視為粗糧。由於價格低、沒有經濟價值，種植了也提高不了收益，多數農民對此都敬而遠之。小麥一直到石磨出現，被製作成麵粉後才開始受到歡迎。農民也才開始大規模的種植小麥。

比對董仲舒的上奏與張騫作為使節出使西域這兩件事，差不多發生於同一個時期。此外，《漢書》的〈武帝記〉中記載：「漢元狩三年（西元前一二〇年）秋，遣謁者勸有水災郡種宿麥。」意為漢武帝派遣謁者，規定遭洪水侵害的地區要栽種能過冬的麥子。由此可知，麥作仍是貧困地區或遇到災害時人們的主要糧食，這裡也沒有明確指出是大麥還是小麥，假設包含小麥，表示小麥在此時仍被認為是較低賤的粗糧。

直到西元前三十三年左右，出現用小麥粉製作成「餅」的食物紀錄。這兩件事僅間隔約九十年。如果是前面提到的漢宣帝的例子，這之間的時間差更縮短到了二十年至四十年之間。也就是說，**張騫出使歸來僅僅五十年後，將小麥製成麵粉，再做成各種麵食的飲食習慣，就迅速推廣開來**。但當時交通不發達、資訊傳遞不便的情況來推測，不太可能在短短五十年內，麵食就能全面普及。另外，考慮到改良磨具、牽引具需要的時間，可以**推斷將小麥磨成粉的技術，應該是由西域傳來的**。

張騫第二次出使西域歸來，是西元前一一五年的事。出使途中，他派遣了副使出訪大宛（現俄羅斯的費爾幹納）、康居（現俄羅斯的撒馬爾罕）、大夏（巴克特裡亞王國）、身毒

（古印度）、安息（帕提亞，現里海東南岸）諸國。這些副使回國之後，那些西域國家紛紛派使節至長安朝貢，間接促進了中華飲食文化的改變。

由此可知，中國雖有原生的小麥，但將小麥磨製成粉再製成各種麵製品的食用方式，極可能是由西域傳進來的。

麥飯是粗食，磨成粉後身價翻倍

然而，麵食並未立即在中國流行。前面提到「餅」一字，最早出現於西元前三十年左右，但此後很長一段時間裡，中國人食用「麥」的方式，還是以顆粒狀進食為主。

《漢書》的〈王莽傳〉（下）有一段紀錄，從西漢奪取王位建立新朝的王莽，聽到長安遭遇饑荒的流言時，向管理長安市場的宦官王業詢問情況。王業拿著長安市場上賣的「粱飯肉羹」，也就是精白粟飯和肉湯，向王莽報告：「居民食咸如此。」（一般民眾都這樣吃。）這是西元二十二年的事，距離「餅」第一次在文獻中出現，又過了五十年。

同一年，還未成為漢光武帝的劉秀起兵要推翻王莽政權。在去討伐王莽的途中，「及至南宮（現在的河北省南宮市），遇大風雨，光武引車入道傍空舍，異抱薪，鄧禹熱火，光武對竈（音同「造」）燎衣。異複進麥飯菟肩。」（到達南宮縣時遇到大風雨，劉秀把車拉進路旁空著的房子裡，部下拿來柴火點起了火。劉秀在灶前烘著淋濕的衣服時，同行的將校煮了麥飯和兔肉端進來給劉秀吃。）在如此危急的情況下，飲食當然不可能有多講究，因此也只能吃到麥飯。從上面這兩段文字看得出來，當時的小麥粉在平民階級尚未流行，多半還是以顆粒狀的大麥為食。

在《後漢書》一百一十三卷〈井丹傳〉中有一段紀錄，東漢有個文人名叫井丹，以清高聞名。王公貴族們都想與他交遊，但全都被他拒絕了。有一天，光武帝（西元前六年至西元前五十七年）妃子的弟弟用計，硬是找了理由將井丹請到自己家裡來。仗著皇親國戚的地位，想羞辱井丹一番。

一開始，他故意將僅有的麥飯撒上蔥花端出來。井丹見狀責問，諸侯之家應供上等的食物，為何只端出如此**粗劣的食物**？最終，先武帝妃子的弟弟不得已將佳餚端了上來。

從這段記述中可以看出，當時的庶民還是以吃麥飯為主食，而上層階級則還是把這種食物視為粗糧。這種情況**一直到東漢後期才出現變化，以麵粉製成的麵食漸漸增加了**。

「煮餅」非湯麵，塊狀非條狀

東漢中期以後，小麥粉製作的食品迅速在民間流行，開始出現在平民的餐桌上。西元一七〇年去世的東漢大尚書崔寔，在《四民月令》中寫下：「立秋日勿食煮餅及水溲餅。」這裡提到的「煮餅」，指的或許就是塊狀的麵食，「水溲餅」則是類似麵疙瘩之類的食物。從這段文獻可以了解，麵類食物已經滲透到了洛陽一帶，一般百姓的生活中了，但無法確定小麥粉是否已成為一種主食。

據《後漢書》六十三卷〈李杜列傳〉的記載，西元一四六年，東漢奸臣梁冀唆使手下毒殺八歲的皇帝質帝。質帝用餐後，立即感覺不適，急喚太尉（宰相）李固入宮。李固詢問了質帝不適的原因，還能說話的質帝回答，是吃了「煮餅」後積食，喝水可能會舒服些。此時，一旁的梁冀則說：「恐吐，不可飲水。」不讓他喝水。梁冀話還沒有說完，質帝就氣絕身亡了。由此可判斷，毒藥可能是被放在「煮餅」裡。

這些事都發生在西元二世紀中期。有人認為，漢質帝吃的「煮餅」及後來的「湯餅」，就是現在拉麵的原形，這是個很大的誤會。一直到宋朝，「湯餅」指的都不是現在人吃的拉麵。譬如《山家清供》記述了名為「梅花湯餅」的做法：「泉之紫帽山有高人嘗作此供。初浸白梅檀香末水，和麵作餛飩皮。每一疊用五分鐵鑿如梅花樣者鑿取之。候煮熟，乃過於雞清汁內。每客止二百餘花。」（這是泉州紫帽山的一位高士做給我吃的。把白梅和檀香末浸在水裡，用此水和麵粉做成像餛飩皮一樣的薄片。用梅花形的鐵鑿按出一片片梅花狀的薄片，滾水煮熟後，放入雞湯裡。每一位客人大約兩百片）。由此可知，「湯餅」是塊狀的，與條狀的拉麵有很大的差異。

上述的「梅花湯餅」已是宋代的事，更何況更久遠的時代。就我自己迄今所查閱過的文獻，未曾發現任何資料可以證明漢代已有拉麵。

03 餐飲業始於漢，《鹽鐵論》痛批太好吃

在秦漢兩代期間，中國文明呈現飛躍式的發展。特別是漢朝，**水利和灌溉技術快速成長，加上冶鐵業迅速發展**，鐵器被廣泛使用在農業生產與日常生活中，這些條件都有利於農業規模的提升。

一九五〇年代，河南省洛陽市附近，出土了數百個漢代的墓，其中挖到十二種穀物。從出土的次數與數量上推測，當時主要的作物是黍、麥、粟、稻、豆，這與漢代學者趙岐所提出的關於「五穀」的解釋，基本上一致。

值得注意的是，中原地區也種稻。原本這個區域降雨量少，不太適合種植水稻。但**漢代以後，中國北方農業灌溉開始使用井水**，河南省南部的泌陽縣就曾發現多處農業灌溉用井。拜農業水利發達所賜，使中原地區得以開始種植稻作。

鹽、醬油、蜂蜜、酒麴、醋……酸甜苦辣源於漢

與中原地區相比，南方的稻作較盛行，米食所占的比例較高。一九七〇年代，湖南長沙附近的馬王堆出土了一個大型的古墓，是西元前二世紀左右，三個地方貴族的墓。在數量眾多的隨葬品中，包含糧食、已煮熟的菜餚等各種食品。提供了研究漢代飲食文化，最重要的證據和線索。

在被發掘的三個墓中，僅一號墓就發現了三十種以上的食材，而在三號墓裡有四十個竹箱裡裝滿食物。糧食有稻、小麥、黍、粟、大豆、赤豆、麻等。糧食的種類與前面提到，河南洛陽地區出土的食材基本相同。值得注意的是，這裡沒有發現用麵粉製成的餅，可見**當時麵食還沒有傳到南方**。

馬王堆漢墓中也發現許多肉類的陪葬品。家畜類有牛、羊、豬、馬、狗、鹿、兔等；家禽類有雞、雉、鴨、鶉、雀以及雁、天鵝、鶴等共十多種；魚類則全部是淡水魚，有鯉魚、鮒魚、桂魚等。

這些材料都由廚師料理後才入墓中，雖出土時已失去了原來的樣貌，但從陪葬的竹簡上的說明，可以大致推測出其烹調方式。

竹簡上記載，肉類是已加工過的肉乾和肉湯。其他主要的烹調法有**炙**（肉直接在火上烤）、**膾**（肉切細後用醋拌）、**濯**（把肉放入蔬菜湯裡煮）、**熬**（把肉煎乾）、**濡**（煮透後用汁拌勻）等。

其中湯菜最多，有醢（音同「海」）羹、白羹、巾羹、葑羹、苦羹等五種。醢羹是把肉乾切細，用酒、鹽、麴等調味以後做成的湯；白羹是用米粉與肉一起煮成的湯；巾羹是以芹菜與肉為主的湯品；葑羹是蕪菁的葉子加上肉煮成的湯；苦羹則是用苦菜和肉做成的湯。根據所用的肉的不同，還有「牛肉的醢羹」、「豬肉的白羹」等不同的種類。這些湯菜都是供品，也反映了湯菜在當時的料理中，占據著崇高的地位，這一點與先秦時期的飲食習慣，沒有太大的出入。

至於**魚的烹調方式**，**主要還是以烤為主**，比較特別的是，當時是先用小火烤乾，然後才用竹籤串起來。另外還有一些陪葬的蛋，是以原形被放入墓中，不太清楚那時候的人要如何食用。

再看其他的菜餚、料理方式，基本都是當時的史書中已出現的名稱，其中**鹽**、**醬油**、**蜂蜜**、**酒麴**、**醋等調味料**，**從那時候就有人使用了**。但因為食物早已腐化變質，很難深入研究實際製作時的用量、搭配的比例等。

用溫室栽種蔬菜，咱漢朝就會了

漢代的桓寬曾寫過《鹽鐵論》一書。書中批評了漢代人的生活，與遠古民風淳厚時代的日常生活相比，腐敗墮落到了何等程度。但現代人卻可從這些議論中，推測出許多有關漢代的日常。

在〈散不足〉一章中提到，漢代的飲食文化轉變。通過這些描述，可了解漢代的飲食不僅比前面幾個朝代更豐富，飲食習慣也發生了很大變化。例如，周朝的人只吃長大、已經成熟的家畜，到了漢代，開始追求食物的柔軟口感，而懂得**食用幼羊**、**乳豬**、**雛鳥**等。這種嗜好在當時非常流行。

另外，以往的人為了確保食物來源，非常注重動、植物成長的週期，而到了漢代，人們無視這樣的過程，在春天也吃正值繁殖期的鵝，秋天吃還未成熟的幼雞。並且懂得**將蔬菜放在溫室裡培養**，冬天也可以吃到韭菜和葵。

兩千年前就已經出現溫室栽培，這件事聽起來非常不可思議，不過有許多史料能佐證這個史實。在《漢書》八十九卷〈循吏列傳〉（召信臣）中記錄，在西元前三十年左右，漢元帝在位時期，掌管皇帝飲食的部門「太官」，為了冬天也能在菜園裡栽種蔥和韭菜等作物，便在屋頂上圈起一個棚，晝夜用炭火提高溫度，促使蔬菜生長加快。這裡提到的是宮廷中的事，而《鹽鐵論》中也提到民間從事溫室栽培的事宜。

不只如此，在宴會上所用的食物也發生了變化。據《鹽鐵論》的〈散不足〉記錄，以往在村子裡的宴會上，會在年長者的桌上，擺放好幾個盛著佳餚的器皿，年輕人只能站著吃肉菜拌醬。

但到了漢代，在喜宴上會用豆湯、精製的小米以及用醋調味或烹調的肉招待客人，此外，還會擺上許多帶骨頭的肉，或燒烤的食物供大家享用。喜宴的菜色相當豐富，除了上述之外，還曾出現：甲魚、鯉魚、小鹿、魚仔、鶉、河豚、鰻魚等多種食材，水果有橘子、檳榔，調味料有醋、鹽等。

隨著生活水準的提升，**階層之間的飲食差異也漸漸縮小**。比方說，以往牛只有在諸侯祭祀時才能使用，到了漢代，經濟條件較佳的平民，也開始在祭祀時殺牛，中層階層的人們也開始宰殺牛和狗，這在以前只有士大夫階級在祭神時才能使用。就連貧窮人家，有能力的人家，也開始用雞和豬作為供品了。

外國人吃飯才用湯勺？漢人早就是

自**漢代開始，城市裡出現了餐飲業**。在《鹽鐵論》的〈散不足〉中，對當時的餐飲業及市集的狀況做了一番描述：「古者，不粥飪，不市食。及其後，則有屠沽，沽酒市脯魚鹽而已。今熟食遍列，殽施成市，作業墮怠，食必趣時。」（以往人們不賣烹調好的食物，也不在市場買吃的。後來才慢慢出現殺豬、宰牛、賣酒的，不過也就賣酒、賣肉乾、賣魚、賣鹽罷了。但現在，街道兩旁店鋪林立，櫃檯上擺滿熟食，整個市場充滿各式各樣的食材與蔬果，**人們做事開始偷懶，對飲食的要求倒是越來越高**，更熱衷於追求季節的美味。）

隨著商業、手工業發達，雇傭人員增加；**職業分工越來越細**，刺激了餐飲業發展。以往，餐廳是以旅行的人為主要客群，後來成了一般人享樂、社交的場所。

在四川省彭縣的古墓中，出土了東漢時的磚壁畫，上面十分生動的描繪當時餐飲業的繁榮（見圖表2-1）。

考證古籍可知，當時的人使用的食材及料理方式相當多元。如將豬肉放在火上烤、韭菜和蛋一起煮、將煮好的狗肉切成片、以馬肉煮成的湯菜等；還有將魚放在鍋上加些油煎、豬肝煮熟後切成片、雞先用醬煮，冷卻後再裝盤、羊肉則是用鹽來醃製；用家畜的胃做成的肉乾、煮羔羊、雛鳥和雁可煮成湯等。那時候還有各種乾貨、瓠子花、上等的穀物、烤全豬等。

對照圖表2-1，也可以看見街道兩旁餐廳、攤販林立，製作出各種的市井美食，已形成具有相當規模的餐飲業。

與現代不同的是，**漢代的飲食習慣還是每人一份**，這一點與先秦時代沒有兩樣。另外，漢代人脫了鞋，進屋在席子上坐下。用餐的時候，使用名為「案」的矮桌吃飯；案上擺放飯和盛菜的碗碟，食器多用漆器，也有漆器製成的勺和匙（見圖表2-2、2-3），勺是舀食物時使用的，匙則用來盛飯。

圖表 2-1　漢代出土的磚壁畫

▲ 上圖為四川省彭縣的古墓出土的壁畫，圖中可見東漢時期餐飲業的繁榮盛況。

圖表 2-2　西漢彩繪漆製食器

▲ 為長沙市馬王堆 1 號漢墓出土的漆製食器。（圖片來源：維基百科。）

圖表 2-3　漢代《車巡出行圖》

▲ 可見當時的人是坐在蓆子上，將菜放在矮桌上用餐。（圖片來源：維基百科。）

第三章

五胡並不亂華，魏晉南北餐桌大和解

01 好吃到白居易為它寫詩——胡餅

只要以各種史料作為線索，追蹤麵食推廣的過程，就可以清楚了解，用麵粉做成的餅狀食物出現的時間。前文提到，西元前三十年的文獻中已出現「餅」，即用小麥粉做成的食物。不過，現在我們認識的「餅」，即圓形扁平狀的麵食，是在漢代後期出現的。

形狀像比薩、饢的**「餅」，原本是從西域傳來的食物**，其中頗具代表性的，是稱之為「胡餅」的圓形薄餅。根據《續漢書》的記載，漢靈帝很喜歡吃胡餅，因此，胡餅在當時的洛陽貴族中流行了起來。

由於漢靈帝好奇心很強，更醉心於游牧民族的文化。後世的史書中經常引用這段傳言，把這個現象說成是漢王朝被少數民族滅亡的前兆。《續漢書》也用這樣論點，記述了相關的狀況，並認為漢靈帝喜歡吃胡餅，是臣服於異民族文化的表現。

但是直到現在也還沒辦法確定，這種食物是由哪個民族傳到中原的。雖然知道當時的製作方法，是將小麥粉揉成麵團後，再分成數小塊並攤成圓形，放入爐中烤製而成，但在漢代的文獻中，找不到詳細的製作方法，例如是否加入調味料，或是製作麵團的訣竅等。唯有漢代的經學家劉熙，在《釋名》一書中提到，胡餅上有芝麻。由於《釋名》的作者劉熙，是在東漢末年過世的，因此可以推斷，在他生活的年代裡會在胡餅上撒芝麻。但除了這點記載以外，沒有更多關於胡餅的資料。

烤出從北魏流傳至今的好滋味

在北魏官員賈思勰著的《齊民要術》中，於〈餅法〉一章裡，出現了「胡餅爐」這個名詞。其中說到，在「爐」中製作「髓餅」時，要將揉捏後的麵團，貼到胡餅爐中，烤製時「勿令反覆」（不要將其翻來翻去）。不過文中對於胡餅爐是什麼樣的東西、「髓餅」長成什麼樣子，並沒有更多的記載。

現在我們吃的「芝麻燒餅」，是先讓小麥粉經發酵後放入蔥花，透過烤製而成的扁平麵食。因為在餅的表面撒上了芝麻，所以叫「芝麻燒餅」。外表呈現金黃色的芝麻燒餅，在出爐時會散發出濃濃的麵粉香，小麥粉烤後的香味與芝麻特有香氣，一口咬下可以吃到酥脆的餅皮以及柔軟的麵，直到現在，還是深受大眾喜愛的食物。

這種燒餅有鹹、甜兩種口味，一般人多半將其當作早餐。仔細讀一下《齊民要術》，發現當時的「胡餅爐」，與現在的「燒餅爐」極其相似。現在用來烤「芝麻燒餅」的爐子，外形如鐵桶，內部呈圓錐形。上部的口小，直徑約三十公分左右，底部的直徑大約在六十公分，在烤製時會在爐底燒煤，調整爐火也是從爐底調整。採取這樣特殊的形狀設計，主要是為了使爐子內部保持高溫。

燒餅的製作方式，與《齊民要術》所提到的髓餅製作方法十分相似。首先，把燒餅的麵皮貼在爐子內側，餅的表面稍稍傾斜向下朝著火，就像在烤箱中放置的方向一樣。因此，髓餅被認為是胡餅的一種。由此可知，在六朝時期的胡餅和現在的芝麻燒餅非常相近。

圖表 3-1　現代的燒餅爐

▲ 現在的胡椒餅、掛爐燒餅，還有新疆的特產烤饢，都是用類似古代「胡餅」的方式製作。（圖片來源：123 圖庫。）

款待呂布用胡餅，唐玄宗逃亡時也吃燒餅充飢

雖然胡餅在漢代就出現了，但直到東漢末年至三國時期，才在中國各地流傳開來。根據三國時代的才子王粲所著的《英雄記》，其中記載三國時期，名將呂布率兵進駐乘氏城時，城裡的豪族李叔節的弟弟，殺了牛、提著酒，**做了一萬個胡餅款待駐軍**。從這裡可以了解，因為餅食在當時已推廣開來，隨處可見百姓使用胡餅爐來烤餅，才能一下子做出這麼多個胡餅來。

實際上，「胡餅」不只在中原文化中心地區流行，也傳入了稻作地區。《晉書》卷八十二〈列傳五十二〉中記載著以下內容：有個叫王長文的人很有學問，但一直排斥朝廷的聘僱，拒絕接受任何官職。後來他索性離開故鄉，在成都隱居。不過，後來卻因坐在市場裡吃胡餅時被人發現了，當時王長文因為要贍養雙親，最終違背了初衷，在西晉武帝太康年間（西元二八〇年至西元二八九年）入仕做官。雖然當時的交通工具十分有限，從蜀地成都到都城洛陽距離非常遙遠，儘管如此，胡餅已傳入了以稻作文化為主的蜀地，可見其美味。

即使到了唐代，胡餅仍深受人們喜愛，更成為街邊隨處可見的市井美食。西元七五五年發生了安祿山叛亂，次年，唐玄宗逃往蜀地。途中經過咸陽的集賢宮而停下來休息，但找不

到東西吃。到了中午時分，唐玄宗還餓著肚子。據《資治通鑒》的〈玄宗記〉記載，後來是楊貴妃的兄長、宰相楊國忠親自買來胡餅呈獻給玄宗。這表示燒餅在當時相當普及，隨處都可以買到。

好吃到讓白居易為它寫詩，外來食物嘗出家鄉味

西元七七二年出生，於西元八四六年過世的唐代大詩人白居易，在其作品《寄胡餅與楊萬州》中，對「胡餅」做了這樣的描述：

胡麻餅樣學京都，
麵脆油香新出爐。
寄與飢饞楊大使，
嘗看得似輔興無。

整首詩通俗易解，前兩句大意是，「此地的胡麻餅學得和京城一模一樣，剛出爐的餅麵

軟油香」。後兩句頗有些開玩笑的意味：「我看刺史大人已是飢腸轆轆、垂涎欲滴的了，你嘗嘗這燒餅，味道與長安一帶的有何不同？」詩中「輔興」一詞，在大陸普遍被解釋為「輔興坊」，而「嘗看得似輔興無」一句，則被解釋為「品嘗一下味道與輔興坊烤製的燒餅有何不同？」更有人進一步解釋，輔興坊是京師最有名的燒餅店。

這個說法看起來沒什麼問題，但沒有提示任何有說服力的根據。長安的城區畫分為棋盤狀，每一長方形的住宅區域稱為「坊」，四周有圍牆。據元代太常博士李好文撰寫的《長安志圖》「卷上」說：「每坊皆開四門，中有十字街，四出趣門。」（每個坊總共有四個門，中間有一條十字型的主要通道，通向四個門。）一九五〇年代後的考古學發現也證實了這一點。

可見「坊」之面積較大，猶如「城中之城」。並非後人想像那樣，僅一條街而已。北宋文學家宋敏求所撰的《長安志》卷十中，於「唐京城四」篇章提到，皇城西邊從第一街起，由北至南第一坊為「修德坊」，南面相鄰的即為「輔興坊」。景雲元年，睿宗李旦第八女西城公主和第九女昌隆公主出家，睿宗為她們在「輔興坊」的東南角和西南角，分別建造了兩所寺院「金仙女冠觀」和「玉貞女冠觀」。文中還提到，「輔興坊」離皇城咫尺之近，「車馬往來實為繁會」。由這段文字可知，皇城附近的「坊」的重要性，只需要舉一個例子就可說明。據《長安志》卷十所載，「輔興坊」北邊的「修德坊」原名「貞安坊」，後來是武太后親自改名為「修德坊」。

長安城原則上是坊市分離的，城內有商業區域，即東市和西市。店鋪只能開在東西兩市里，不能開在坊裡。當然也可能有例外。**輔興坊就位於皇族高官往來頻繁、寸土如金之處**，很難想像在這種地方經營薄利多銷的胡餅店。再進一步思考，即使「輔興坊」裡真有胡餅店，如此大的區域，不會只有一家胡餅店。如有很多家胡餅店，各家店的味道應該都不一樣。白居易不可能用「坊」名，特別指某種胡餅的味道。

那麼這句詩應如何解釋呢？傳六朝佚名撰《三輔黃圖》曰：「三輔者，謂主爵中尉及左、右內史。漢武帝改京兆尹、左馮翊、右扶風，共治長安城中，是為三輔」。唐代史學家杜佑撰的《通典》，也有類似的記述。後「三輔」一詞泛指長安地區。如前述《三輔黃圖》一書，就是以圖文並茂的方式記錄長安地區的古跡；唐代翰林學士袁郊所著的《三輔舊事》，以及清代經學家張澍撰同名書籍，也是記述長安地區的地志。日本學者岡村繁採用此說，稱「輔」即「三輔」；並考證「興」為陝西省關中府略陽縣的地名。他還指出，「興」可能是楊大使的故鄉。按照岡村繁的解釋，這一詩句意為「**你嘗嘗這燒餅，味道與你故鄉的有何不同？**」就我的理解，岡村繁的解釋比較有說服力，但解釋為「故鄉」似有過度解讀之嫌。還是譯為「（陝西）長安一帶」較為合理。白居易是從四川的角度來寫這首詩。第一句既然已經說明，送給你的餅是學京師做法烤製，則最後一句相應的就是「（長安的胡餅有名，而你又是長安、關中一帶的人，那麼）嘗嘗和京師的味道是不是一樣？」「京都」一詞首句已用，因此末句用範圍更大些的「輔興」一詞。如此比較說得通。

燒餅在不同的地方味道也有所不同，各有特色。九世紀中葉訪問長安的日本僧侶圓仁在《入唐求法巡禮行記》中有「時行胡餅，俗家皆然。」的記載，這裡也傳遞了一個資訊：燒餅並不只是僧侶的食品，在世俗的人群中也十分流行。漢朝末年以來已過去了五百年，這種食物仍舊沿用著以前的名稱。而**在唐代，「胡」這個詞似乎沒有輕鄙的意味**。

02 麵團開始長大了，家家戶戶會發酵

多數人都知道現代中國北方的主食以麵食為主，南方的主食則是白米飯。那麼，你可曾想過，中原地區是何時開始以小麥粉製成的食物為主食的？

確切的年代不很清楚，僅從史書中的記載來看，麵食最初大約出現在東漢中期，**到了三國時期，北方地區幾乎就以麵食為主食了。不過這裡的麵食，主要是指像麵條一類的未發酵的食品**，如饅頭、麵包那樣需要經發酵製作的麵製品，普及的時間則要更晚一些。

現在多數人對於北方人的印象，就是愛吃饅頭，那麼饅頭到底是何時開始，成為北方民族的最愛呢？關於饅頭的起源，很多人都聽過這樣的故事：三國時期諸葛亮討伐孟獲時，為改變當地用人頭來祭祀的風俗，所以用揉好的麵團，包著牛肉、豬肉或羊肉，放進蒸籠蒸熟以代替人頭，但這畢竟只是傳說。

據《晉書》三十三卷〈列傳三〉記載，**晉國武帝的宰相何曾**生活奢侈，他的馬車、服飾

極其豪華，對美食的追求更不遜色於帝王。他吃「蒸餅」時，一定要蒸熟、膨脹到麵皮表面裂開成十字狀。從這段文字可以察覺一件事，若是未發酵的麵食，無論烤還是蒸，都不可能膨脹而裂開成十字狀，因此可以推測，何曾吃的**蒸餅，是經發酵過的麵團所製作的麵食**。雖然他詳細的出生時間已不可考，但史書有記載，他是西元二七八年過世的，享壽八十歲，也就是說，大概在西元三世紀左右，中國人就已經開始使用發酵技術了。

麵團如何發酵？古書有紀錄

到了東魏（西元五三四年至西元五五〇年）年間，在《齊民要術》的〈食經〉「作餅酵法」中，清楚記載了麵團發酵的方法：「酸漿一斗，煎取七升。用粳米一升著漿，遲下火，如做粥。」（加入水將一斗酸漿熬成七升。把漿混入一升粳米之中，用火慢煮，就像煮粥一樣。）這裡作為酵母引子的「酸漿」，是以粟或米發酵後產生的材料。

有關這種液體酵母菌的使用方法，書中說明：「六月時，溲一石麵，著二升；冬時，著四升作。」由於〈食經〉中明確記錄了酵母菌的製作方法，由此可知，發酵法的發明還可以再往前追溯一段時間。

除了發酵的方法，書中還介紹製作「寒食漿」的方法：「以三月中、清明前，夜炊飯，雞向鳴，下熟熱飯於甕中，以向滿為限。數日後便酢，中飲。因家常炊次，三四日輒以新炊飯一椀酘（音同「頭」）之。每取漿，隨多少即新汲冷水添之。」（從三月中至清明前這段時間，晚上煮飯，到雞將啼時，把煮熟的飯趁熱盛到甕中，裝到九分滿的程度。放幾天後便發酸了，期間可飲用滲出的漿水。之後只要家裡有煮飯時，可以每隔三、四天加一碗新飯再釀之。每次舀出酒漿時，就添加等重的涼水。）這是**現存最古老的酵母菌製作方式**。

不過在中國北方，幾乎家家戶戶都知道如何製作酵母菌，據說也是當地從古至今流傳下來的「古法」，這個方法比上述內容簡單得多，幾乎不需要什麼技術。

首先，將小麥粉與水攪一起和成麵團，並製作成類似雞蛋的大小，之後將其裝在容器中，放在陰暗處靜置幾天，麵團即可自然發酵。現在仍有許多北方人用這個方法讓麵團發酵，只是不知為何《齊民要術》裡沒有提及，反而介紹了用粟、米發酵的方法。大概是方法太過簡單，認為沒有記錄的必要。

尋常人家的主食，登上王侯將相的祭壇

麵食在魏晉時期漸漸普及的另一個證據，是用小麥粉製作的食品，從晉代開始出現在祭祀活動中。雖然，在漢朝的史書裡可以看到麵食的蹤跡，例如，多處可見到「餅」，但沒有看到被拿來作為供品的相關資料。

而到了晉代（西元二八〇年至西元四二〇年）發生了很大的變化。晉朝的文學家盧諶所著的《雜祭法》中，記錄了供奉祖先的各種麵食。根據這本書的記載，春天的祭祀用的是「饅頭、餳餅、髓餅、牢丸」等，夏、秋、冬也是同樣的東西。但夏季另外還會供奉「乳餅」、冬季的祭祀中另有「環餅」（有的版本稱為「白環餅」）。

不僅是民間，皇室的祭祀也用到餅。據《南齊書》卷九〈志第一〉（禮上）記載，永明九年（西元四九一年）正月，皇帝下詔舉行太廟的四時祭，用以供奉宣帝的正是「麵起餅」和鴨子湯菜。這些食物是宣帝生前的最愛，也證明供奉餅這類食物的習俗，已經存在很長一段時間了。

順帶一提，「麵起餅」是**麵粉發酵後製成**的食品，雖然《南齊書》中的紀錄，在時間上比盧諶的《雜祭法》稍稍晚一些，但確實能證明，餅類不僅在民間祭祀中使用，也是宮廷或

王侯將相家中的供品。

前面在《雜祭法》中，曾提到「餳餅」（餳，音同「行」），就是在麵團中加入麥芽糖的甜品。但不太清楚料理的方式是用烤的還是用蒸的，也不太清楚外形長什麼樣子。

至於**「髓餅」的製作方法，在《齊民要術》卷九〈餅法〉中有詳細的解說**。首先，取出牛脊髓中的脂肪加蜂蜜，與麵粉和在一起，經揉捏做成厚度約四公分至五公分、直徑六公分至七公分大小的麵皮，然後放進胡餅爐烤熟。這種餅因為含油脂，口感很柔軟、相當可口，而且能保存較長的時間。

在《雜祭法》中還有一種被稱為「牢丸」的麵食，又稱為「牢九」，類似現在的肉包子。「乳餅」則是含牛奶或羊奶的麵食，材料和製作方法現已無法考證。

此外，《齊民要術》卷九〈餅法〉中還提到「細環餅」。是將水、蜂蜜與麵粉和在一起，經揉製而成的麵食，沒有蜂蜜時，可煮棗取其汁代替，也可以用牛、羊的脂肪，或放入牛奶，用這些材料製成的「白環餅」即美味又香脆，但並沒有說明具體的製作方法。

還有一種稱為「環餅」的食物，與細環餅只差一個字，根據後來的文獻記載，環餅與其他餅類的製作方法完全不同。其做法是先揉好麵團，做成細長的繩狀，接著紮起來放到油鍋裡炸。現在被稱為「饊子」或「油饊子」（饊，音同「傘」），在長江中下游一帶很常見。

日本的《拾遺集》卷七〈物名〉四百十五篇中出現了「糫餅」（糫，音同「還」），文中提到糫餅，是以米粉或麵粉做成的細長形食物，彎曲成各種形狀後油炸製成的點心。這和中國的環餅製作方法很類似，可以推測是由中國傳至日本的食物。不過，與現代的環餅即饊子最不同的地方是，現在製作時不會用米磨成的粉。

當時的人怎麼吃，供桌就怎麼擺

在最初中國的祭典中，無論是祭祀神靈還是祭祀祖先，從祭品與祭拜流程，都可以看出當時的生活習慣與文化。例如，上香的順序、身著的服飾、象徵性的動作等。尤其在祭祀祖先時，不只把先人當作神靈，也會依故人在世時的習慣，調整祭品的內容，以表達敬重與追思。而在祭祀的那天，往往也

圖表 3-2　饊子是一種油炸麵食

▲ 現在的饊子形如柵狀，細如麵條，口感類似麻花。（圖片來源：維基百科。）

是孩子們最開心的日子，因為平民多半在祭祖拜神時，餐桌上才會出現豐盛的菜餚。

由此可知，在祭祀儀式上出現的主食，多半就是一般人每天所吃的主食，而隨著農業技術的發展與文化交流，就連餐桌上最平淡無奇的主食，也出現了變化。

大約在周朝，當時的人在祭祀時會獻上黍等主食。《禮記》中也提到要用白黍、黃黍來祭祀的紀錄。當時雖然已經種植小麥，但供品裡並沒有麵食，因為那時的人還不知道如何將小麥磨製成粉，在那時候小麥屬於較低劣的主食。直到石磨出現後，麵食才成為一般人的主食，並且廣受歡迎。

同是晉代文獻的范汪的《祭典》中記載著，麵食已被用於祭祀，在冬天的祭典中會使用白環餅等作為供品，與《雜祭法》的記載一致。

寫《雜祭法》的盧諶是西晉人，出生於西元二八五年，永嘉之禍後在西元三五一年被大魏皇帝冉閔處死了。因此，可推測《雜祭法》是四世紀前半葉撰寫而成。另外，寫《祭典》的范汪也是晉代的學者，西元三〇一年生、西元三六五年去世，所以這兩本古籍的完成時期大致相同。從這裡可以得到一個結論，到了西元四世紀，麵食已是祭祀時不可或缺的供品了。考慮到祭品與主食的關係，可合理推測，麵食成為中國北方人的主食，大約比這個時期更早一些。

03 游牧民族的食物成為上流宴席菜

三國、六朝時代傳入中原地區的「胡食」相當多，但有不少外來的菜餚未註明出處，或是根本沒有被記錄下來。儘管如此，僅《齊民要術》中載明是北方民族傳來的菜餚，就有五、六種。《齊民要術》卷八〈蒸缹法〉（缹，音同「否」）中，說明了「胡炮肉」（蒸缹羊肉）的做法：「肥白羊肉——生始周年者，殺，則生縷切如細葉，脂亦切。著渾豉、鹽、擘蔥白、薑、椒、華撥、胡椒，令調適。淨洗羊肚，翻之。以切肉脂內於肚中，以向滿為限，縫合。作浪中坑，火燒使赤，卻灰火。內肚於坑中，還以灰火覆之，於上更燃火，炊一石米頃，便熟，香美異常。」（肥白羊肉——用出生剛滿一年的羊，宰殺後趁新鮮將肉切成像細葉狀，羊脂也同樣切細。**混入豆豉**、**鹽**、**剖半的蔥白**、**薑**、**花椒**、**華撥**、**胡椒等**，依自己的喜好調配好。把羊的胃（羊肚）洗乾淨，翻過來後把切好的羊肉和羊脂塞進肚子裡，塞到九分滿的程度，縫合羊肚。接著挖一個中空的火坑，當坑燒成紅色，除去灰燼。把羊肚放入坑內，將火灰覆蓋其上，再在上面燒火，約煮一石米（約七十公斤）的時間，羊肚就熟了，不只聞起來很香，入口更是異常美味。）

蒸缹羊肉吃起來入口即化、聞起來特別香，一般用煮的或火烤的羊肉，根本不能與之相比。不過，在《齊民要術》中並未特別註明，這道菜是外族傳進來的。然而看這道菜的名字，還是可以確定這不是中原本地發明的菜色。因當時所有用「胡」字修飾的詞語，幾乎都與西域或北方民族有關。

另外，煮法也是一個旁證。烹調這種「胡炮肉」時不用鍋子，對於過著定居生活的中原人來說，不太可能會用這樣的料理方式，也沒有必要。可以想見，因游牧民族生活條件較困難，才發明這種煮法。

現在，這種烹飪方式幾乎失傳，我也從未吃過蒸缹羊肉。雖然如此，現在的中國菜譜中，還是有**煮法相似的菜餚，最典型的是「叫化雞」**。做法是用荷葉將一隻完整的雞包起來，在外面塗上泥土，然後放進爐膛裡烤。追根溯源，這道菜可能就是經外部民族傳入，流傳到南方後改良而成，現在反而成為杭州名菜。

胡羹，把調味料當成配菜的新鮮吃法

湯是中國最古老的菜餚之一。不只是宴會或節日上不可或缺的食物，在先秦時期，也是用來祭祀的供物之一。不過，這不是中原居民的專利，在游牧民族的餐桌上，也經常出現湯。在《齊民要術》中提到了「胡羹」，並且詳細介紹這道湯的煮法。從菜名來看，「胡」當然是指「夷、戎」，即外族的意思。其他的湯菜都用「鴨湯」、「雞湯」、「兔子湯」等食材來命名，只有「胡羹」與「羌羹」的命名邏輯，與其他菜不同。由此可見，這並不是中原民族自己發明的料理。

該文中也提到了**胡羹的做法**，「作胡羹法：用羊肋六斤，又肉四斤；水四升，煮。出肋，切之。蔥頭一斤，胡荽一兩，安石榴汁數合。口調其味。」（製作胡羹的方法：用羊排骨六斤（編按：北魏時的一斤約四四〇克），另外再加羊肉四斤，加四公升水煮後，取出肋骨，切好。加蔥頭一斤、香菜一兩（二十七．五克），並加入安石榴汁數合（編按：合為古代容量單位，一合約為〇．一八公升），當鍋裡傳來香味後，就可以裝盤了。）

關於這裡所說的「蔥頭」有兩種說法，一種認為是「蔥」，另一種認為是「洋蔥」。後者原產於中亞，那時的洋蔥很辣。之後傳入義大利、西班牙等南歐各國，經過品種改良，才有今日帶有甜味的新品種。這種新品種很晚才傳到東亞各國。譬如，日本是在江戶時代，從長崎傳入的。據此，「洋蔥」一說可信度較低。

但從這個菜的命名法、「蔥頭」使用的量來看，至少可推測這裡的蔥頭不是一般的蔥。因為如果僅是羊肉湯，歷史上也曾出現過。如《戰國策》的〈中山策〉中有「羊羹」一詞，表示當時的人已懂得將羊肉做成湯。與「胡羹」的烹飪方法相比，並沒有特別不同的地方。但《齊民要術》中，卻特別當作外來民族傳來的湯菜介紹，多半是因為其中的配菜以及調味料，與之前的方法不同，才會特別記錄。

從製作胡羹的材料上來看，有作為佐料的**「香菜」。在原文中被稱之為「胡荾」**（荽，音同「雖」），原本就是**從西域傳來的蔬菜**。值得關注的是，相對於四斤的羊肉，加了一斤的蔥頭。有過料理經驗的人都知道，若放入這麼多的蔥頭，已經不是將蔥頭當佐料，而應該是配菜才對。總之，因為這道湯菜中出現了新的蔬菜，才會特別介紹。

羌煮，上流社會的象徵

前面提到的「羌煮」，主要使用的材料是鹿頭和豬肉。在《齊民要術》的〈羹臛法〉

（臛，音同「或」）中有其詳記的做法：「羌煮法：好鹿頭，純煮令熟。著水中洗，治作臠，如兩指大。豬肉，琢，作臛。下蔥白，長兩寸一虎口，細琢薑及橘皮各半合，椒少許；下苦酒、鹽、豉適口。一鹿頭，用二斤豬肉作臛。」（羌煮法：鹿頭煮熟後，放入水中清洗，然後切成約兩根手指寬的肉塊。把豬肉剁成肉餡，與鹿頭肉和在一起煮成肉羹。切下蔥白兩寸，放入切碎的生薑和橘子皮各半合，放入少許花椒、醋、鹽和豆豉，「羌煮」就完成了。肉的比例是一個鹿頭約用兩斤豬肉。）

據《晉書》卷二十七〈志第十七〉（五行上）記載，這道菜當時風靡了整個都城。會這麼受歡迎的原因，主要是因為當時中原地區雖然會吃鹿肉，但從未使用鹿頭作為食材，烹調方式也很新鮮，因此吸引許多人爭相嘗鮮。

另一個理由是當時**中產階級漸漸崛起，他們開始模仿特權階層的生活**，從而使這道菜更流行了。尤其對外族來說，鹿頭是非常珍貴的食材，而且製作「羌煮」的過程十分費工。也就是說能吃上一口的人，多半是社會上有頭有臉、身分尊貴的大人物。就如同現代人吃燕窩、魚翅一樣，羌煮儼然成為當時上流社會的象徵。

胡飯，斤餅與北京烤鴨的前身

除了胡羹、羌煮外，外來民族的代表性菜餚還有「胡飯」。在《齊民要術》中介紹了相關的製作方法。「胡飯法：以酢瓜菹（音同「居」）長切，將炙肥肉，生雜菜，內餅中急卷。卷用兩卷，三截，還令相就，並六斷，長不過兩寸。別奠『飄齏』隨之。細切胡芹，蓼下酢中為飄齏。」簡單來說，就是先將用醋醃製的黃瓜切成細長條，與烤熟的肥豬肉、生菜一起，用「餅」（烤熟的薄餅）捲緊。兩條並排切兩次，共六段。一段的長度不超過兩寸。吃的時候要搭配名為「飄齏」的佐料。飄齏是將切碎的胡芹和蓼，拌入醋中製作而成的醬料。這裡提到的「胡芹」，其實就是所謂的香芹，又稱為濱芹或野芹菜，另有野茴香的別稱，是西洋芹的一種，也是從西域傳入中國的香料。

胡飯在東漢末年，約西元一六八年到西元一八九年間已傳入中原地區。史書中記載，漢靈帝很喜歡這種食物。之所以搭配飄齏這種醬料，主要是因為**當時的人認為，吃麵食配上醋能幫助消化。直到現在**，中國人在吃未發酵的麵、餃子、餅時，也經常會搭配加入醋的沾醬。從這一點上推測，製作胡飯所用的薄餅，應該是未經發酵的。

有趣的是，在現在人的生活中，胡飯還是相當常見的食物。只是包法與裡面的餡料都有些改變，並隨著不同地區的飲食習慣，發展出許多各具特色的吃法。例如：中國名菜北京烤鴨、牛肉斤餅等食物，都是胡飯的變形。

除此之外，中國人在立春時要吃的「春餅」，也就是所謂的潤餅，同樣是類似的菜餚。在**立春時要吃潤餅的習慣源自於唐朝**，在詩聖杜甫的詩中也曾提到：「春日春盤細生菜」，也就是在立春時，要吃包著生菜的春餅。其做法是用極其薄的麵皮，要以春天出產的青菜為主，如：豆芽菜、韭黃、芹菜、芫荽（荽，音同「元」）、荀絲、紅蘿蔔等，再加上豆干、肉絲、魷魚、蛋皮等，以上材料可依個人喜好添加，不過全都得切成細絲，最後撒上花生粉、糖粉或海苔酥，把餅皮捲起來即可食用。

名留青史的北方料理，現在成了南方名菜

「貊炙」（貊，音同「莫」）是魏晉時與「羌煮」一起傳入中原地區的西餐，在《鹽鐵論》的〈散不足〉中曾提到這道菜。據《晉書》卷二十七〈志第十七〉（五行上）的記載，這道菜在當時非常受歡迎，從達官貴人到貧民百姓都愛吃。但沒有留下詳細的料理方法。在東漢劉熙所著的《釋名》中，僅概略記錄了製作方式：「全體炙之，各自以刀割，出於胡貊

之為也。」（把整隻羊烤熟後，用刀削著吃。是從貊族傳來的。）可能因為中原地區，本來就會以「烤」的方式做菜，因此烤全羊雖是外族傳入的菜餚，但沒有記下詳細的製作方法。

在《齊民要術》〈炙法〉一章中，**詳細介紹了各種不同肉類的烤法**，如：烤牛背脊、烤羊、豬、鵝、鴨等，但這些菜餚都沒有特別註明，是從哪裡傳進來的，由此可知，當時的人**不會特別將這些菜當成外族的食物**。

令人意外的是，**現在成為廣東名菜的烤乳豬，在《齊民要術》中已有相關紀錄**。這道歷史上的北方菜，後來在北方失傳，卻在南方扎下了根，還成為南方的名菜流傳至今。

這些游牧民族的飲食文化傳入中原後，有些按原來的模樣完整的被保留下來，有些則在漫長的歲月中，經過改良或直接被淘汰了。到現在還留存著、大家耳熟能詳的食物，只剩胡餅（燒餅）、胡飯（捲餅）。而當時風靡整個都城的「羌煮」、「胡羹」則已失傳。

第四章

狗從食物變寵物，隋唐盛世吃什麼？

01 周朝天子吃狗肉，南北朝之後當狗奴

在前述文章中可以發現，古代的中國人把狗當成一種食物。中國吃狗肉的歷史，可回推至新石器時代到商，當時狗是最主要的家畜之一。狗在那時候有三種用途：「一曰守犬，守御田舍；二曰田犬，田獵所用；三曰食犬，充庖廚庶羞用。」（一種稱為看守犬，用來顧農地、看家；第二種稱為田犬，協助農事或狩獵；第三種稱為食犬，是料理用。）在**商周時代，狗肉更被煙燻、醃臘，或燒、燉、煮、煨、燜……煮成各種佳餚**。

在周天子的筵席上，天子與諸侯、卿、大夫、士共同享用一道稱為「肝膋」（膋，音同「聊」）的菜，是用「狗肝一，幪（音同「萌」）之，以其膋濡炙之，舉燋（音同「巧」），其膋不蓼。」也就是用網烤製而成的**狗肝，這在當時是最高檔的料理**，在《周禮》〈天官〉中還被選為「八珍」之一。在《禮記》中甚至規定：「孟秋之月……天子衣白衣，乘白駱，服白玉，建白旗食麻與犬，其器廉以深。」（天子著白衣，配白玉，食麻籽和狗肉，食器是

有稜角、很深的盛器。）這段文字中提到，秋天的第一個月，天子必須吃狗肉。在當時，狗也是祭祀常備犧牲，**狗被當作祭品時被稱為「獻」，因此這個字才會從犬部**。

然而不知為何，到了唐代狗肉卻從餐桌上消失了。在韋巨源所編的《食譜》中，有稱之為「燒尾宴」的豪華宴會的菜譜。這份菜譜並未包含所有菜餚，僅是當時比較珍奇的料理，共五十七個品名。雖未具體展示烹調的方法，但從列舉的菜名上看，大致可估計到所使用的材料。肉類菜餚中除雞肉、羊肉、豬肉、牛肉外，還有蒸騾肉、兔子湯、烤鹿舌、烤鵪鶉，連狸、蛙等都能入菜，卻不見狗肉做成的菜。

再看到唐代志怪小說家段成式所著的《酉陽雜俎》，在卷七〈酒食〉中，舉出了包括菜和點心共一百二十七種食物。與前面提到的《食譜》一樣，有用豬肉、牛肉、羊肉等肉類製成的料理，其他還有蒸熊肉、猩猩的嘴唇、烤獾肉等奇特食材，奇怪的是，還是沒有看到狗肉的蹤跡。

《酉陽雜俎》其實是一本筆記小說，並不是專門的飲食書籍，也許在提到菜名時會有所偏頗。因此，為了佐證可再往前追溯去參考《齊民要術》，其中記載很多菜餚和料理法。

《齊民要術》確實記載著狗肉菜餚。根據這一段紀錄，稱為「犬牒」的菜，也就是狗肉薄片，大致的做法如下：用三十斤狗肉、小麥六升、放入米酒六升，開大火煮沸三次後換湯以去除腥味。再加入小麥、米酒各三升熬煮，煮到肉與骨頭分開，再取出切開。打三十個雞蛋在切開的肉裡，然後把肉包起來，放入陶甑裡，再放上火爐蒸。等蛋蒸乾後，在上面用重石壓住，隔一夜便可食用。

奇怪的是在《齊民要術》中，詳細記載了大量的菜餚及各種烹調法、食物加工法。但用狗肉做成的菜，僅上面提到的這一道。而且，這個料理是記載在已亡佚的《食經》中。也就是說，舊的食譜書中雖有狗肉，**當時已經沒有人會煮這道菜**。其他的肉類菜餚，如雞湯、蒸羊肉或烤牛、烤鹿等，在書中都是作為一般人日常的飲食來介紹。所以很難斷定狗肉到底是從何時開始，從中國人的飲食文化中淡出。

新石器時代以來，狗是家畜

回顧一下中國吃狗肉的歷史。根據考古學家的發現，在新石器時代遺跡中，許多處都挖出狗的骨頭。不僅黃河中游（中原地區），在黃河上游、長江中下游地區都能看到類似的現象。而且，各地所看到的遺跡中，都證明狗是作為家畜來飼養的。

大約在西元前四五〇〇年到西元前二五〇〇年左右，約持續了兩千年的**仰韶文化**，在黃河中游地區空前繁榮。其遺跡中出土了豬、狗、野豬、羊、牛等骨頭，被認為是**家畜的僅有豬和狗**兩種。繼承仰紹文化、維持了約五百年榮景的**龍山文化**（西元前二三〇〇年到西元前一八〇〇年），所飼養的**家畜增加了牛、羊、山羊**。而在黃河上游地區的馬家窯文化（西元前三一〇〇至西元前二七〇〇年）的遺跡中，則出土了牛、羊、豬、狗的骨頭，但不確定是否作為家畜飼養。接下來的一個時代齊家文化（西元前二五〇〇年至西元前一五〇〇年，為甘肅一帶的新石器文化）則被證明飼養了豬、狗、羊、牛、馬。

在長江流域，即現在浙江寧波、紹興一帶的平原上分布的河姆渡文化，約在西元前四四〇〇年至西元前三三〇〇年間持續，在其遺跡中也於多處發現了豬、狗等兩種家畜的骨頭。西元前三一〇〇年至西元前二二〇〇年間持續的良渚文化，農業發達，家畜中出現了水牛、羊等。由此可知，無論南北，在新石器時代人們將狗作為家畜飼養。

當然，雖然證實當時的狗為家畜，但仍缺乏人們吃狗肉的直接證據。然而，就新石器時代出土的家畜骨頭的次數，按種類來比較的話，狗是比較高的。內蒙古、東北、華北、西北、華南等地區所出土的豬、羊、牛、狗、馬、山羊、雞等動物中，最多的是豬，共有七十三處遺跡中出土過；接下來是羊，共五十九處；第三位是牛，共五十七處；狗是第四位，有五十處之多。這當中也包含野生的羊和牛。因此，僅以家畜來比較的話，狗所占的比重應該更高。當然，狗和牛、羊不同，不太適合放牧式的大量飼養。儘管這樣，在如此廣闊的地域中發現如此多的狗的骨頭，可合理推斷有一部分的狗是被拿來作為料理之用。

狗肉的很珍貴，設官職專門養狗

狗肉在商周時期是相當珍貴的食材，也是祭祀的必需品，因此宮廷裡設置了負責養狗的專門職位。在《周禮》的〈秋官〉中，將這個官職稱之為「犬人」。

不僅宮廷，民間也視狗肉為最有營養價值的食物。《孟子》中曾提到：「雞、豚、狗、彘之畜，無失其時，七十者可以食肉矣。」（雞、狗、豬及野豬等牲畜，不能擾亂牠們繁殖的時節，七十歲的人可以吃肉。）顯見對於當時普通百姓來說，雞肉、豬肉、狗肉都是珍貴的食物，而且狗肉在當時的飲食習慣中，屬於很高貴的食物。

對於那時候的人來說，狗肉不僅好吃，還是**送禮的首選**，在《國語》〈越語〉中記載越王勾踐戰敗後，是如何在內政上施力，充實民生福利的情況。其中提到：「將免者以告，公令醫守之。生丈夫，二壺酒，一犬；生女子，二壺酒，一豚」的一段話，意即：即將生產的人若上報朝廷，政府會派出醫師待命，如果生男孩，就送兩壺酒及一條狗祝賀；如果生女孩，就給兩壺酒、一頭豬道喜。由此可見，狗肉與酒、豬肉都被視為高級食材。另外，考慮到當時重男輕女的觀念，可以發現在**越國所處的長江流域，狗比豬更受到重視**。

「狗屠」是一種專業

在戰國時代有被稱為「狗屠」的職業，正因為當時的人經常吃狗肉，才會出現這個專門職業。

在《史記》的〈刺客列傳〉中，描繪了荊軻旅行到燕國時，與一個以「狗屠」為業的人和擅長擊筑[1]的高漸離意氣相投。荊軻喜歡喝酒，每天都和這兩個人，一起在燕國的街上暢飲，喝到酒酣之時，高漸離就會開始擊筑，荊軻和著，兩人便在街上唱起歌來，繼而一起飆淚，如入無人之境。這裡可以看出來，戰國時代的人普遍會吃狗肉，以至於出現從事相關行業的人。

在《戰國策》的〈韓策〉中，也曾提到刺客聶政的相關事蹟。當時，有人請聶政暗殺其

1 古代的一種擊弦樂器，頸細肩圓，中空、共有十三根絃。

政敵，給了他一大筆金錢。但聶政說：「臣有老母，家貧，客遊以為狗屠，可旦夕得甘脆以養親。」意即自己有年邁的老母，家境貧寒，從外地來此，以宰狗謀生，希望有一天能買些好吃的食物，以贍養家母就心滿意足了，婉轉的拒絕了那個人。可見「狗屠」是一種較為卑賤的職業，但**收入不算差**。

秦始皇統一中國後，吃狗肉的風俗並未見衰弱。漢高祖劉邦手下有一勇猛武將，名叫樊噲。他在加入劉邦軍隊之前，就是一個「狗屠」。也就是說，即使到了漢代，「狗屠」依然是很普遍的工作。

此外，在宮廷裡從戰國時代開始一直到漢朝，都設有管理狗的官職，只是官名略有變動，稱為「狗中」或「狗監」。《史記》的〈佞幸列傳〉中就有提到一個叫李延年的人，因犯罪而被施以宮刑，之後做了「狗監」，即管理皇帝的獵犬或祭祀用犬的工作人員。

從吃狗肉到成為狗奴

至六朝以後，事情發生了很大變化。任昉（西元四六〇年至西元五〇八年）所寫的《述異記》，其中記載了中國人不再吃狗肉的轉折點。

六朝的宋元嘉年間（西元四二四年至西元四五三年），吳縣有個名叫石玄度的人，家裡養了一條黃色的狗。有一天，這條狗生了一隻白色的小狗。石玄度的母親特別喜歡牠。不久後這條小狗長大，便跟著主人去狩獵。每次這條狗跟著主人出去，石玄度的母親就會一直站在門口等牠回來。有一天，石玄度舊疾復發，請醫生來診斷。一看醫生開出的處方，有一項是白狗的肺。於是他就到市場上去買，但怎麼找也找不到。實在沒辦法的情況下，他回家將家裡所養的白狗殺了。

石玄度的母親得知後，就在狗被殺掉的地方又蹦又跳、嚎啕大哭，一會兒哭倒在地上，一會兒又跳起來吵，搞得家裡一團亂，就這樣持續了數天。之後石玄度將狗的肺用來作為藥引，並邀請客人來享用狗肉。他的母親則在一旁，將他們吃完後丟棄的骨頭一個一個撿起來，收集後埋在後院的大桑樹下。後來整整一個月，她每天朝著樹呼喚狗的名字。然而，石玄度雖然吃了狗肺燉成的藥，病情卻沒有好轉。臨終之時他不斷提到，狗的肺一點效果也沒有，根本不應該殺了那條狗，或許自己就是因為吃了狗肉才遭到懲罰。看到此情景，石玄度的弟弟石法度發誓，從此之後再也不吃狗肉了。

「**不能吃狗肉，否則將受罰。**」這很明顯是漢民族文化中新的價值觀，與以往的飲食習慣有明顯的出入。

《述異記》雖然是記述奇怪事件的志怪小說，然而，在吃狗肉的文化中，出現這種完全相反而且有些警世作用的論調，也不是毫無根據的。

事實上從六朝開始，當時的人已經開始將狗當成寵物。據《三國志》卷四十八〈孫皓傳〉的注，其中引用了《江表傳》的記載，有一個叫做何定的人為了討好末帝孫皓，命令將校給孫皓獻上好狗。將校們不遠千里，出門尋購好狗。他們買來的狗，一條的價錢相當於數千疋（編按：為古代的量詞，一疋布約十三．二公尺）的絲綢，連狗脖子上掛的帶子也要一萬錢。

另外，還特別調派一個士兵來負責照顧這條狗。從此，狗一下子成為珍貴的寵物。會出現如此大的轉變，主要因為東漢覆滅後，中原地區陷於極度混亂之中，內戰頻繁。鮮卑族利用這個機會，逐漸擴大了勢力。晉滅亡後，他們統一了中國北方，建立了北魏政權。其統治範圍涉及現在的山西、河北、山東、河南、陝西、甘肅、遼寧以及四川、湖北、安徽、江蘇的一部分。**鮮卑族原是游牧民族，為狩獵而飼養狗，因此不吃狗肉**。

《北史》卷五十二〈齊宗室諸王〉（下）記載著南陽王高綽的傳。高綽非常喜歡波斯狗，傳說他曾見到抱著孩子的婦人走過，竟然奪走孩子拿來餵波斯狗。婦人大聲號哭，高綽發怒，命令狗去咬那個女人，但這條波斯狗不聽主人的話。後來他在婦人身上塗上小孩的鮮血，狗才撲上去撕咬。

北齊後主高緯也十分寵愛波斯狗，《北齊書》卷五十記載著：「猶以波斯狗為儀同、郡君」。意即高緯非常喜歡狗，甚至賜給公的波斯狗相當於最高職位的官階，賜給母的波斯狗以女性最高的封號。

根據史書記載，北齊的皇帝是渤海人，但長期定居於北方，風俗習慣與鮮卑族完全相同。因游牧民族養狗多半是為了帶去狩獵，可以理解他們對狗有一種革命情感。因此多少也能理解，北齊的皇帝高緯、南陽王高綽為何會如此偏愛狗。

我們是狼的子孫，所以不吃狗肉

不僅鮮卑族，中國西北地方的其他狩獵民族，都不會吃狗肉。**對於游牧民族來說**，狗是生產工具，也是他們的朋友，**吃狗肉是難以想像的野蠻行為**。這種情況可以從祭祀的供品中看出來。比方說，突厥人在祭天時，將羊和馬作為供品，但不供奉狗。根據突厥族的古老傳說，他們是狼的子孫，實際上他們也以狼的意向作為自己民族的圖騰，因而他們不會吃與狼有親戚關係的狗。

從六朝到唐之間，突厥族、羌族、氐族、烏孫族以及其他西北地方民族，與漢族之間有著廣泛的交流，在建立少數民族政權的同時，很多游牧民族移居中原。漢族人吃狗肉的習俗，對他們來說是非常殘忍的行為。移居漢族文化圈後，他們也將喜歡狗的風俗帶進了中國。特別是在他們作為統治民族、君臨中國北方時，不吃狗肉的習慣，也影響了本來會吃狗肉的漢人。

加上在同一個時期，印度佛教傳到了中國。北方騎馬民族政權北魏的第一位皇帝，是一位十分虔誠的佛信徒。由於佛教戒殺生，不要說宰狗，其他任何動物都被下了禁屠令。後來，佛教在漢民族中傳播，加上領導階層把狗視為夥伴的價值觀，漸漸的影響漢人吃狗肉的習慣。

唐代的名醫孟詵著有《食療本草》一書，內容主要是寫食物作為藥有哪些效用，其中也出現狗肉。作者在書中惋惜，人們越來越不知道如何烹調狗肉了。**狗肉的營養價值很高，連血都可以作為藥引**，不能直接丟棄。但那時候的人吃狗肉時卻直接將血放乾，這樣就失去食療的效果了。由此可知，連庶民都忘了如何吃狗肉，證明吃狗肉的人已經大幅減少了。

另外，即便是吃狗肉，也出現了各種各樣的禁忌。根據《食療本草》所記載，狗肉不能烤著吃，也不能與大蒜一起食用；瘦的狗肉不適合拿來吃，還有孕婦也不能吃狗肉，或九月吃狗肉會有害健康等說法。

確實，**從那個時代開始，人們開始鄙視吃狗肉這件事**。《酉陽雜俎》續集卷一中，有個關於流浪漢李和子的故事。故事中說道「和子性忍，常攘狗及貓食之，為坊市之患」（李和子性情殘忍，經常偷別人的狗、貓來吃，街市上的人都十分討厭他）。這裡可以看到，吃狗肉已被認為是殘忍的行為。這段敘述中甚至寫道，李和子因吃狗肉和貓肉而被閻羅王招去，最後丟了性命，這個故事多少有點警世的意味。

了解這個背景後，再看到唐代出版的料理相關書籍，幾乎沒有出現關於狗肉的描述，自然不會覺得有什麼特別之處。可以推斷，在六朝至唐代期間，吃狗肉的風俗發生了很大變化。雖然不能斷言，唐代以後中國的所有地區都不吃狗肉了，但可以確定狗已從珍貴的家畜，變成惹人喜愛的家寵。

不過，現在廣州一帶還是有吃狗肉的習慣。可能是因為在歷經多次的戰亂後，漢民族不斷向南逃亡，把吃狗肉的習慣帶到南方，最後，在廣東等地扎根。

另一種可能就是，在番禺定都建立的南越國及其後裔，沒有受到北方民族的影響，而讓吃狗的習俗延續至今。

香肉本是藥引，為何被說成對健康不利？

到了宋代吃狗肉的習慣幾乎完全消失，翻開任何一本食譜書，都看不到與狗肉相關的菜餚了。介紹佛教素齋的《本心齋蔬食》當然不用說，在《山家清供》、《中饋錄》、《玉食批》等著名的飲食名著中也看不到。在《膳夫錄》中提到的「八珍」雖有包含狗肉料理，不過這只是收錄《周禮》中出現過的菜餚，並不是當時被視為珍饈的八道菜。因而雖有菜名，卻一筆也未涉及烹調方法。另外，《東京夢華錄》中出現了很多菜名，但也不見狗肉。

進入元朝，這時的領導階級是蒙古族，同為游牧民族的蒙古人，自然不可能吃狗肉。因此，吃狗肉的風俗到了元代，等於是完全絕跡了。

最有力的證據是，在被推定為元代作品的《居家必用事類全集》中，出現了豬、牛、羊、馬、兔、鹿、駱駝、虎、獾（音同「歡」）、騾、熊等各種食材，但卻看不到狗。同樣是元代作品的《飲膳正要》，在〈獸品〉篇章中出現了狗，但僅作為藥材來介紹，此書的〈同食〉一節中也未出現狗肉。從這種情況中可以推斷，當時的日常生活中，狗肉已經消失了。另外，從記述的內容上看，《飲膳正要》與唐代的《食療本草》十分相似。即兩書都記述狗肉有一定的藥效，但很多情況下是不能吃的。

不只如此，元代自號華山老人、活了一百零六歲的賈銘，在其所著的《飲食須知》中，提供了研究中國人食用狗肉的歷史，是非常有價值的史料。這本書從養生的角度，提供透過飲食如何維護健康、治病。書中在「狗肉」一節中，詳細說明狗肉對人體的害處。最後，作者在文章結尾處寫道「犬智甚巧，力能護家，食之無益，何必嗜之。」（狗不但聰明，而且能幫忙看家。但**食用的話對身體毫無益處**，那麼有什麼必要再吃牠呢？）作者賈銘是浙江省人，元代曾做過官府的當差。可見在他生活的年代，當時的中上階級已從營養、治病的層面，否定吃狗肉的必要。這同時也是不吃狗肉的風俗，擴展到長江下游地區的證據。因此，在當時記錄江南地區家庭菜餚的《中饋錄》裡，也沒有出現任何一道關於狗肉的料理。

馬可．波羅（Marco Polo）旅行到杭州時，為該城市之大及富足而吃驚。他寫道：「這個城市的所有的食品都極為豐富。譬如獸肉有黃鹿、小鹿、雌鹿、兔子、野兔等，鳥肉有鷓鴣、野雞、鵪鶉、雞、閹雞等，另外湖河裡飼養著鴨和鵝，其數量都多得簡直不可言語。」馬可．波羅到過中國許多地方，也有機會觀察了元朝皇帝的宴會，但在他的書裡，同樣沒有提到任何關於吃狗肉的風俗。

經歷改朝換代之後，明朝的政權再次回到漢民族手中，但吃狗肉的風俗並沒有因此復活。這一點可透過明代的與飲食相關的書籍得到佐證，例如在高濂所著的《遵生八箋》中的

〈飲饌服食箋〉、《群物奇制》的〈飲食〉章節中，都沒有出現狗肉料理。

在明朝萬曆年間至中國傳教的天主教神父利瑪竇，後來長年居住於北京，但在《中國基督教布教史》中，也沒有看到有關中國人吃狗肉的記載。反倒是同一時期訪問明朝的葡萄牙傳教士加斯帕爾・達・克魯斯（Gaspar Da Cruz），在他所寫的《十六世紀華南事物志》，卻能看到中國南方尚有吃狗肉的習慣。

內文提到：「沿著廣州的城牆，有一條開滿餐廳的街道。那裡的商家、攤販都在賣狗肉。當時習慣將狗肉切成四塊販售，有的是烤熟的，有的則是生的，還能看到被剝了皮或還留著兩個耳朵的肉塊，直接放在櫃檯上展售。狗肉是社會底層者的食物，在市場裡到處可見被關在籠子裡待售的肉狗。」可見明朝時在廣州仍有吃狗肉的風俗，不過只有生活較貧苦的人才會吃狗肉。

後來因為明朝實施海禁，克魯斯在廣州只待了一個月，就被迫離開中國，再次前往雅加達，他在西元一五六五年至西元一五六九年回到故鄉葡萄牙。

西元一五七〇年，克魯斯撰寫的《中國誌》在葡萄牙出版，內容介紹他在廣州短暫停留一個月期間的所見所聞。根據克魯斯的著作，狗肉並不是當地人的最愛，他們最常吃的肉還是豬肉。

被忘卻的美味

即便是到了清朝，這個情況也沒有改變。清代離現代比較近，因而有很多料理書都保存了下來。但在《養小錄》、《食憲鴻秘》、《隨園食單》、《醒園錄》、《浪跡叢談》、《隨息居飲食譜》等與飲食相關的書籍中，沒有任何一本記載與狗肉相關的料理。只有清代戲曲家李漁的《閒情偶寄》中，在飲食的部分出現了狗肉，其中有一段紀錄值得特別注意。

「豬、羊之後，當及牛、犬。以二物有功于世，方勸人戒之之不暇，尚忍為制酷刑乎？略此二物，遂及家禽，是亦以羊易牛之遺意也。」（聊完豬、羊後，還要談談牛和狗。這兩種動物是人類的幫手，為我們的生活貢獻良多，勸大家不要去吃牠們。實在是很難想像，有人能對牠們用酷刑（下油鍋）。因而這裡就省略這兩種動物。接著來談談關於家禽的食用方式，在料理時，建議以羊代替牛。）

從這段文字可以推斷，當時的觀念普遍認為，吃狗和牛是違背道德的事；也可能是因為仍有少數人在吃狗肉，所以寫出這段話。

此外，在晚清有一位文士名為夏曾傳，他不僅學問知識博達，而且對飲食非常精通。夏曾傳增補了袁枚的《隨園食單》，添加各種菜餚的歷史及變遷，完成了《隨園食單補正》。

在「狗肉」一項中，他補充了以下文字：「丐者食狗肉，聞其味絕佳。療疾食之可癒。又聞粵東呼為地羊，士人亦食之，而他處皆以為諱。考古人本皆食犬，載在經典，不知何時始戒之，至以為恥。」（乞丐吃狗肉，其香味非常誘人。有病的時候吃狗肉可以治病。另外，**廣東等地稱之為「地羊」**，據說文人學士也爭相品嘗。但在其他地方都被當成禁忌。查閱文獻可知，古代人原本會吃狗肉。這種情況在儒學的經典中也有記載。不知何時開始，人們不再吃狗肉，甚至吃狗肉都變成一樁可恥的事。）

由此可知，清代在廣州以外的地區，基本上不再吃狗肉。除了作為藥材食用外，狗肉已經變成只有乞丐才會吃的食物。而且，日常生活中吃狗肉，會被認為是寡廉鮮恥的事。夏曾傳也發現，人們不知何時開始不再食用狗肉，但沒有仔細去探究其中的原因，其實，這正是受歷代外來民族統治及文化交流後，漸漸改變的飲食文化。

02 超級調味料胡椒登場，大蒜隨行

胡椒是在現代中國菜裡不可缺少的調味料之一，但一開始中國並沒有種植胡椒。在唐代經典《酉陽雜俎》中，有以下的記載：「胡椒，出摩伽陀國……至辛辣，六月採，今人作胡盤肉食皆用之。」（胡椒出自於印度的摩伽陀國……非常辛辣，可以在六月採收，現在的人做異族肉類料理時都用它）。

但胡椒不是在唐代才傳入中國的。在《齊民要術》中，〈種椒〉第四十三篇引用了《廣志》的記載：「胡椒出西域。」可見**六朝時胡椒就已經傳入中國**了，但沒有明確指出，是從西域的何處傳來的。

再往前追溯，關於胡椒的紀錄，還可以追溯到《齊民要術》之前的《後漢書》。《後漢書》卷八十八〈西域傳〉中有以下的記載：「天竺國（中國古代對印度的稱謂之一），（中略）又有……諸香、石蜜、胡椒、姜、黑鹽」。可見，**漢代就已經知道胡椒出產於印度**。

《齊民要術》中總共有三處提到了胡椒的用途。其中有兩例是作為釀酒的原料，在〈笨麴並酒〉第六十六節中引述《博物志》的「胡椒酒法」和「作和酒法」，都載明是用胡椒來釀酒。

另外，在同書的「胡炮肉法」中可以看到，在肉類菜餚中使用胡椒的例子，當時的人在料理羊肉時，會先用胡椒去除羊肉的羶味。其實，**胡椒是經由絲路傳入中土**。對照現在的中華料理，在製作過程中幾乎都會加一些胡椒調味，但在胡椒剛傳入中國時，只有當時的「西餐」才會用得上胡椒。

經波斯傳來的印度香料——蓽撥

與胡椒齊名的**蓽撥，是同屬於胡椒科的香料**。在《魏書》的〈西域〉的章節中，記載「蓽撥」為波斯的物產。但在〈南天竺〉篇裡，即介紹印度的篇幅裡，卻沒有關於蓽撥的紀錄。再看到《魏書》以後的史籍，其中也有相似的記載，如《北史》、《隋書》、《舊唐書》等，都指出蓽撥是波斯的特產。

在《齊民要術》中，則可在許多關於肉類料理的相關篇幅裡，看到使用蓽撥的例子。像是前面提到的「胡炮肉法」，就以蓽撥與胡椒作為羊肉的調味料。在《酉陽雜俎》卷十八中也有提到蓽撥：「蓽撥，出摩伽陀國，呼為蓽撥梨，佛林國呼為阿梨訶咃」（蓽撥，出自於〔印度的〕摩伽陀國，稱為蓽撥梨，敘利亞稱為阿梨訶咃）。「蓽撥梨」是胡椒的一種，生長於印度，也是熱帶地區特有的香料作物，目前多用於中藥。

然而在之前的史書中，為什麼都記載胡椒或蓽撥是波斯的產物？這也許與胡椒這類香料的貿易方式有關係。胡椒與蓽撥的原產地都是印度，卻是經過波斯商人傳入中國的，因此才會被誤認是來自波斯。

陳皮的身世之謎

打開中國菜譜，使用的香料除了胡椒、大蒜外，還有一種特有的香料「陳皮」（橘皮）。在古代，陳皮的使用頻率甚至比胡椒更高，也造就了如陳皮鴨、陳皮百花釀豆腐等經典名菜。此外，廣式筵席料理中，著名的「紅燒鮑魚、扒海參、燴魚肚」，烹調時也會加入陳皮調味。甚至在以陳皮著名的新會地區，還發明了陳皮宴，席中所有料理都以陳皮入菜。

雖然中國菜處處可見陳皮的身影，但翻開《齊民要術》卷十可以發現，陳皮和胡椒一樣

都是由西域傳入中國的香料，因為它被記錄為中國以外的產物，當時的人也將其視為外來的調味料。

此外，《齊民要術》中共有五十三道菜餚提到以乾果皮入菜，其中的三道是連同橘葉一起使用。還有使用橙汁調味的例子。但古代所謂的橘與現在的意思有些不同，當時是將所有可食用的柑橘類的水果，包含柚、柑、橙等，自然也包括中國原生的橘。在《齊民要術》中，鴨子湯、羊蹄湯、黑魚湯等，幾乎全部所有用到魚和肉的料理，都用風乾後的橘子皮去除腥味。所以將陳皮列在外來的香料，實在令人無法理解。

從這些情況可以推測，**中國原產的橘子同外來的柑橘類，有很大的不同**。這樣的例子並不罕見，在日本有一種叫「柚子」的果實，和中國的「柚子」完全不一樣。日本的柚子外形和橘子很像，但沒有果肉、皮很厚、主婦在料理時會切成片狀作為香料。由此推測《齊民要術》記述的橘皮，可能與此相近，因此將其作為外來的香料來記錄。

另外在《齊民要術》卷八第七十七篇中，記載了同樣名為「熊蒸」的菜，還提供詳細的製作方法。其配方中包含藠頭（藠，音同「笑」，亦稱為薤〔音同「謝」〕，即現在的蕎頭）、陳皮、胡芹、小蒜等調味料。後來在唐代的《酉陽雜俎》中，再次出現「熊蒸」這道菜，就沒有特別提到其煮法，或許是因為當時的人，對於這道菜的料理方式及用料皆很熟悉，不用特別記述。

從這一點可推斷，或許是在漫長的歷史進程中，本來屬於外國香料的陳皮，被廣泛使用在各種料理中，因此當時陳皮就像中國自有的香料一樣，後代的人才會誤以為陳皮是中國本土的調味料。

料理中不可或缺的大蒜，其實是外來品

在中華料理中大蒜有著不可撼動的地位。西晉文學家張華（西元二三二年至西元三〇〇年）在《博物志》中道：「張騫使西域，得大蒜、胡荽。」原書現已散佚，現在遺留下來的，多半是後人將分散在其他的史籍裡的記載，編輯在一起的內容。北魏名著《齊民要術》也引用了這段記述，也就是說，至少在《齊民要術》出現時，約西元六世紀中葉左右，許多人已經知道大蒜了。

晉惠帝（西元二九〇年至西元三〇六年在位）的太傅（行政三首長之一）崔豹，在《古今注》中也寫道：「胡國有蒜，十許子共為一株，籜（音同「拓」）幕裹之，名為胡蒜，尤辛於小蒜，俗人亦呼之為大蒜。」（胡國有蒜，十個小球形成一個。外表由兩層皮包著，稱

為胡蒜，比小蒜辣，一般人稱為大蒜。）從這些線索來看，**六朝時普遍認定，大蒜是從西域傳來的**。

然而，**雖然大蒜很早就傳入中國，卻沒有在一開始就成為炒菜的香料**。因為，在這之前中國有稱為小蒜（百合科）的香料，所以大蒜（蔥科）一開始並沒有贏得中國人的喜愛。直到後來異族料理在中原流行了起來，大蒜才終於在中國料理中占有一席之地，這也促使中國開始大量種植大蒜，至此漸漸成為中國菜不可或缺的配料（蒜炒臘肉，是用大蒜的苗）。

一開始，大蒜和胡椒都只用在外族的料理上，但後來漸漸普及到其他的中國菜中，比方說在《齊民要術》提到「八和韲」這種配方，是將八種佐料混合製成的調味料，就包含了大蒜，也是「膾」（以醋為基底，用來拌生食的醬）的一種，當時主要用來搭配魚料理；〈作豬肉酢法〉中，也出現叫做「蒜韲」的調味品。

另外，《齊民要術》還提到一道，以豬腸為材料的菜餚，在製作時需要加入切碎的大蒜；還有蒸蘑菇這道菜中，在處理肉的過程中，更要加入大量剁碎的大蒜。從《齊民要術》可以發現當時許多料理會用到大蒜，可想而知家家戶戶在煮菜時，應該還有其他的用法。

古代中國還有一種香料叫做「阿魏」，是每家每戶煮飯時必備的佐料。《酉陽雜俎》卷十八記載，「阿魏」是西域傳來的佐料，其樹脂部分可作為藥引。根據元代《居家必用事類全集》的〈肉食品篇〉記載，阿魏與餿掉的肉一起煮，臭氣就會消失。另外，明代的《群物奇制》的〈飲食〉章節中寫道：在煮透的豬肉中使用白梅阿魏、醋或青鹽（中國西南、西北產的鹽）一起煮，就能很快將肉燉爛。作為調味料，只不過如此神奇的阿魏，後來不知何故，從餐桌上消聲匿跡。最後，只見《本草綱目》裡有關於阿魏的紀錄，不過是將其當作藥使用。

03

中式料理的家常蔬菜，其實來自西域

在《舊唐書》的〈輿服志〉中，提到有關於唐開元年間人們生活的實況：「太常樂尚胡曲，貴人禦饌，盡供胡食，士女皆盡衣胡服」（皇宮裡負責演奏音樂的人喜愛彈奏異族的音樂，有身分地位的人追求異族的食物，上流階級無論男女，個個都穿異族的服飾。）然而，這其中提到的「胡食」是什麼呢？從漢代到隋代的史書中，出現的「胡食」都是指同一種食物嗎？實際上關於唐代的「胡食」，迄今有多項研究，但對於這一點全都避而不談。

以唐代的「胡食」為例，最常被引用的是慧琳的《一切經音義》〈陀羅尼集〉第十二卷中的記述：「胡食者，即饆饠、燒餅、胡餅、搭納等是。」這是唐代當時最為權威的解釋。但也還是沒說明，與過去的「胡食」有何不同。

再看到《新唐書》卷八十〈太宗諸子〉，唐太宗的皇太子李承乾，醉心於「胡族」的文化習慣，從服裝、髮型到音樂、武術，全部都學習「胡人」。他自己也居住在游牧民族的帳篷裡，煮全羊肉並直接用刀切著肉來吃。而其中的「胡人」原文提到他「好突厥言及所服」，很明顯這裡的「胡」是指突厥族。

然而，本節開頭引用的《舊唐書》卷四十五記述的開元年間，即西元七一三年至七四二年間，離李承乾成為常山王的武德三年（西元六二〇年），大約有一百到一百二十年。根據《舊唐書》的記載，這百年間風俗習慣發生了很大的變化。**武德、貞觀年間，宮廷的女性外出時穿著很保守，甚至會蒙面，而武則天即位後逐漸發生了變化。而到了開元年間，她們都騎著馬、戴著少數民族的帽子，不再遮住自己的臉了**。另外，被稱為「奚車」的交通工具，是由契丹人傳入中國的。在開元、天寶年間，在都城裡流行了起來。另一方面，從波斯開始，中亞及西亞的人，經由絲綢之路進入唐朝，帶來了那裡的物品及風俗習慣。其中的粟特商人和波斯商人相當活躍，特別引人注目。

與異民族交往的方法和文化交流的模式，也在這個時期發生了重大的變化。在這之前，外族與漢人主要於居住區接壤的地方才會互相接觸。民族間有時衝突、有時融合，主要因爭奪領地或生活物資，以及掠奪人力等原因產生交流。與此相對照，波斯人單純是為了貿易，千里迢迢來到唐朝。他們既沒有對領土的野心，也沒有掠奪生活物資的企圖。與大陸的任何民族，既沒有過度的親密感，也沒有根深柢固的仇恨。就這樣，他們把中亞或西亞的食物帶來，進而對唐的食文化產生了一定的影響。

從這樣的背景推測，唐代的「胡食」有兩種意思。一種是唐代初期的用法，這時主要是指突厥等北方民族的料理。另一種是開元以降的「胡食」。後者包含波斯、以及西亞、中亞傳來的食物。

「胡餅」和「燒餅」有何不同？

再次回到慧琳對「胡食」的定義。《一切經音義》中舉出了「餺饠、燒餅、胡餅、搭納」四種食物。這又是什麼樣的食物呢？

「搭納」不很清楚，前面敘述的「胡餅」在漢末已經出現。但《齊民要術》中並沒有出現「胡餅」這個詞。也許因為製作方法已廣為人知，就不再特別記錄。西元七六八年出生的慧琳，在書中將「胡餅」與「燒餅」放在一起。但在唐代胡餅和燒餅，實際上是指不一樣的食物。

第三章中提到西元七七二年出生、西元八四六年去世的白居易，寫了《寄胡餅與楊萬州》的詩。詩中描述的胡餅是剛從爐子中做出來、脆脆的、香味宜人的餅。在用「爐子」烤這一點上，唐代的胡餅製作方法與六朝沒有什麼不同。

這與《齊民要術》中記述燒餅的製作方法明顯不同：「麵一斗，羊肉二斤，蔥白一合，豉汁及鹽，熬令熟。炙之。麵當令起。」（用一斗麵粉。拿兩斤羊肉，和進一合蔥白、豉汁和鹽，炒熟，〔接著包在麵團裡做成餅〕把它烤熟。另外要注意一點，麵要預先發過。）但這段記述過於簡單，仍不知道這裡的燒餅指的是哪一種麵食，但從文字上的描述，與我們現在吃的燒餅不太一樣。**像現在北京人常吃的「餡兒餅」**，是兩片麵餅中夾著肉餡的烤餅；而**像南方的「生煎包子」**，也是在麵團中包入肉餡，再放入油鍋煎熟。將以上兩者與古代的燒餅加以比對，似乎又不太一樣。

往前追溯的線索至此斷了，只好參考唐代之後的典籍。看到元代的《居家必用事類全集》中，也出現關於燒餅的記載：「每麵一斤。入油半兩。炒鹽一錢（約五克）。冷水和搜骨魯槌砑（音同「訝」）開。鏊（音同「敖」）上煿得硬煻，火內燒熟極脆美。」（麵一斤，油半兩，加炒鹽一錢，用冷水和麵棍將麵團擀平，放在平底鍋上烤到麵皮變硬。再放入熱的碳火上烤熟，使口感更香脆。）「鏊」就是平底的鍋子，底部有三根支柱，就是中國式的炒鍋（詳見下一頁圖表4-1）。這裡提到的製作方法，與《齊民要術》中的敘述大致相同。

對照《齊民要術》中的敘述，胡餅和燒餅的區別就更明顯了。**胡餅是貼在胡餅爐內側直**

接用火烤，燒餅是用平底鍋先煎後烤。與現在於餅皮上撒滿芝麻的燒餅一樣，胡餅是貼在爐壁上烤的，不太用油。相反的燒餅用了大量的動物性脂肪，為了避免餅黏在鍋底，會先在鍋裡放入油，加熱後再煎。因此《齊民要術》中出現的燒餅，是指用了大量的動物性脂肪的麵食，與現在南方的蔥油餅較為相近。

此外，在《酉陽雜俎》卷七中還出現了「阿韓特餅」及「凡當餅」，僅從名稱來看，很可能是外來的餅類。也許與韋巨源《食譜》中出現的「曼陀樣夾餅」類似，但實際的樣子已不可考。

順帶一提，曼陀樣夾餅（見圖表4-2）是一種將發酵過的麵團做成曼陀花的形狀，再

圖表 4-1　仰韶文化出土的陶鏊

▲ 古人在鏊上烤餅，由製作的器具可知，當時的燒餅與我們現在吃的燒餅不同。（圖片來源：國立故宮博物院。）

放入火爐烤製的麵食，主要用來包肉或菜食用。這道菜首次出現於，唐代宰相韋巨源設席宴請唐中宗的「燒尾宴」上，用以表達對皇帝的一片忠心。

「饆饠」究竟是什麼？開心果在古代是藥材

唐代的燒餅也好，胡餅也罷，都是從六朝開始就存在的食物，而與此相對，「饆饠」反而是在唐代才出現的食物。《酉陽雜俎》卷七中寫道：「韓約能作櫻桃饆饠，其色不變。」韋巨源的《食譜》中也出現了「天花饆饠」這道菜。但是，饆饠到底是什麼樣的食物？如何製作？古籍中都沒有記載。

饆饠又寫作「畢羅」，是一種可以包入各種餡料的麵食點心，外皮半透明，可以看見其

圖表 4-2　為了向皇帝表明「忠心」的曼陀樣夾餅

▲ 曼陀樣夾餅是以曼陀花的形狀製成的麵食，通常用以夾著其他菜餚一起享用。（圖片來源：維基百科。）

中食材的顏色。據史料記載，有蟹黃饆饠、櫻桃饆饠、天花饆饠等，甚為著名。

在唐朝《酉陽雜俎》中記述了好幾次饆饠的專賣店，其中有一段意味深長的紀錄。為了賄賂從地獄裡來索命的小鬼，故事的主角將他們帶去饆饠專賣店，地獄來的小鬼們捂住了鼻子，不願進店。從這個描寫中可知，**饆饠有著強烈的氣味**。可能是因為使用了中國以前沒有的香辣調味料，小鬼討厭這種味道，顯示饆饠是一種新的食物。《酉陽雜俎》的作者或許認為，**陽間裡很流行的饆饠，還沒有傳到陰間去**。

不只是食物，從漢朝到唐朝，還有許多蔬菜和水果不斷的從西域傳進中國。僅從現在的中華料理中使用的材料來看，就可以舉出黃瓜、菠菜、萵苣、豌豆、葡萄、胡桃等。

除此之外，還有什麼食物或食材傳入中國？西域傳來的蔬菜、果實，有哪些是被製作成中華料理，甚至流傳至今？

從波斯傳來的食材中，目前最常出現於中國菜中的，就是核桃了。《漢書》中記載，核桃是**張騫出使西域時，於回國時一起將核桃種子帶回中國**，但真正在菜餚中看見它的蹤跡，則始於六朝。核桃多用於點心中，另外，也被當作藥材使用。

唐代孟詵的《食療本草》中，核桃是喜歡方術的人經常吃的食物。因被認為有滋補、強身的作用，被廣泛用於料理上。在宋代林洪的《山家清供》中，舉出了三個例子。比如「勝肉餗」（素餃子）的配方中有「焯（音同「卓」，將食材在沸水或湯中短暫燙一下）筍、蕈，同截，入松子、胡桃，和以油、醬、香料，搜麵作餗子。」（將竹筍、蘑菇放在水裡焯一下，一起切，加入松仁、核桃，加入油、醬、香料拌一拌，將麵團充分揉捏做成餗）。**「餗」其實就是餃子的前身**，只是體積比現在的餃子要大上許多。

還有製成甜點的例子，同樣在《山家清供》提到的「大耐糕」，用現在的話來說，就是類似蘋果派的點心「向雲杭公袞夏日命飲，作大耐糕。意必粉麵為之，及出乃用大柰（音同「奈」）子。生者去皮剜核，以白梅、甘草湯焯過。用蜜和松子肉、欖肉去皮、核桃肉去皮、瓜仁劃碎，填之滿，入小甑蒸熟，謂之柰糕」。（向雲杭公〔名〕袞，夏日邀我去喝酒時，做了大耐糕招待我。原以為是麵粉做的。等到拿出來一看，原來是削去大蘋果的皮、挖去果核，在梅子、甘草浸泡成的湯裡焯一下，將裏著蜜的松仁、去皮的橄欖肉、去皮的核桃、搗碎的瓜子填滿蘋果中，用小蒸籠蒸熟的點心，稱為蘋果糕）。

據《證類本草》的〈果部〉（林檎）其中引用南唐醫學助教陳士良所著的《食性本草》，其中提到：「此有三種，大而長者為柰。圓者林檎，夏熟。小者味澀，為梣（音同「晨」），秋熟。」可知「柰」為蘋果。至於稱為「大耐糕」是出於「大耐官職」（硬著頭皮當官之意）。在這道名點裡，也用到了核桃。而現代中式的點心裡，也經常可見加入核桃的甜點。

從波斯來的乾果中，比較特別的是「巴旦杏」也就是俗稱的扁桃。同樣是在《酉陽雜俎》裡，提到關於「扁桃」中的紀錄如下：「偏桃，出波斯國，波斯呼為婆淡。樹長五六丈，圍四五尺，葉似桃而闊大，三月開花，白色，花落結實，狀如桃子而形偏，故謂之偏桃。其肉苦澀不可噉，核中仁甘甜，西域諸國並珍之。」（偏桃〔扁桃〕出自波斯國，波斯稱為婆淡。樹高五六丈，粗四五尺，葉像桃樹葉，闊而大，三月開花，白色，花落結果，形狀像桃子，長得有點偏〔扁〕，所以稱為偏桃。果肉苦澀、不好吃，核中有仁，吃起來相當甜，西域各國都把它視為特產。）其實不必千里迢迢去波斯，中國的新疆就盛產巴旦杏，但這種堅果在近代以前，似乎並未在中國普及。

開心果和巴旦杏的命運相同。《酉陽雜俎》中提到：「阿月（開心果）生西國，蕃人言與胡榛子同樹，一年榛子，二年阿月。」（開心果產於西方國家，當地人說它與胡榛子長於同一顆樹，第一年是榛子，第二年是開心果。）。到了明代《本草綱目》中，開心果被當作藥物使用，並沒有拿來煮或作為甜點的記載。中國直到改革開放後，開心果才成為過年時家家戶戶不可或缺的零食。

現代人餐桌上的家常菜，多半產自西域

苜蓿在古代被稱為「草頭」，雖然在古籍中經常見到這個詞，但卻幾乎沒有提到其料理法。**《唐摭言》是少數有提到古人吃苜蓿的書，其中指出當時是窮人才會吃這種草**，不像是受歡迎的蔬菜，也沒有記錄相關的烹調方法，到了宋代才出現詳細的料理紀錄。《山家清供》中有「采，用湯焯、油炒，薑鹽隨意，作羹茹之，皆為風味。」（湯汆油炒，加薑、鹽隨意，煮成湯，風味都不錯。）《山家清供》中記載「草頭長或丈餘」，表示當時的人連葉也一起入菜，當然吃起來的口感不會太美味。現在出現在餐桌上的苜蓿，都只有嫩芽，做法上既不用來煮湯，也不涼拌著吃，只是炒來吃。

最後特別提醒一點，中國的料理書大多是文人寫的。他們只記錄王公貴族的菜譜，以及炫耀士大夫風雅的吃法，對普通民眾的飲食毫無興趣。尤其是關於蔬菜的記載，更有這種傾向。在那時候，日常生活中的料理方式被視為「瑣碎」，沒有哪本書會特別記錄。正因如此，無須特別手藝、特別方法的大眾料理、家常菜大多不為後人所知。

現在中式料理中另一種常見的食材黃瓜，就是一個典型的例子。《齊民要術》卷二中記載，「收胡瓜，候色黃則摘。於香醬中藏之亦佳。」（胡瓜要等到變黃之後才去採摘，放入

香醬中浸泡儲藏也是個好辦法。）可見六朝時已有人在種植黃瓜，並將其醃成涼拌菜。但幾乎沒看到新鮮黃瓜的料理法。唐代醫藥學家孟攘的《食療本草》中提到：「黃瓜性寒，不宜多吃。」特別是小孩容易引起腹瀉的記載。據此可知唐代人應該經常吃這種食物才需要特別提醒。黃瓜因水分占整體的六〇%，不適合蒸煮或煮湯。《食療本草》中記錄，與醋一起吃對身體不好。這裡提到了醋，也許是因為，當時主要的食用方法是做成涼拌菜。

關於**菠菜，在《新唐書》中將其記為尼泊爾來的貢品**。因在唐以前的書籍中沒有看到相關的紀錄，合理推測菠菜在全國推廣開來，可能是唐以後的事了。唐代孟詵的《食療本草》中有「北人食肉麵即平，南人食魚鱉水米即冷。」（經常吃肉、麵類食物的北方人〔吃了菠菜後〕可調節冷熱之間的平衡；**經常吃魚、鱉、稻米的南方人〔吃了菠菜後〕體質就會變得太寒了**。）可知在唐代無論是北方還是南方都吃菠菜。

根據《清異錄》卷上〈蔬菜門〉的記載，南唐（西元九三七至西元九七五年）時，戶部侍郎鐘謨非常喜歡菠菜，給它取了「雨中菜」的別稱。另外，宋代末期撰寫成書的《夢粱錄》中有「菠菜果子饅頭」一說，推測那時菠菜已成為是不分貴賤、廣受歡迎的蔬菜了。

與黃瓜不同，菠菜適合煮湯，用來涼拌也很好吃的；用炒的更是香氣四溢。因此明代以後，菠菜羹幾乎成為每戶人家無可替代的菜餚。加上栽培方法簡單，使得菠菜更受歡迎。

第二部

中式料理如今強味，多虧弱宋
一路揉合契丹女真蒙滿

第五章

宋朝豬羊展開決戰，誰當主菜？

01 契丹侵宋，東坡肉難擋宋人棄豬就羊

現代中國價格較高的肉類是牛肉和雞肉，接下來是豬肉和羊肉。可是，古代肉類的排名又是怎樣的呢？

在以記錄北宋城市生活為主的《東京夢華錄》中，有很多關於食品的記述。書中卷之二〈飲食果子〉的篇章中，詳細介紹了當時餐廳各種熱賣的菜色。其中提到在茶館和餐廳裡能吃到的菜餚有五十四種，還有從客人自己在街邊的攤販買好、帶進店裡吃的料理也有十二、十三種。

這些菜餚按食材來區分，可分為肉料理、海鮮料理、蔬菜料理等。按烹調方法來區分有蒸、烤、煮、炸、湯等多種。肉類中有羊、雞、鵝、鴨、鶉、兔、獐數種。其他還有內臟料理、用大豆等食材製作的素食等。

耐人尋味的是，餐館中列出的將近七十種料理中，沒有一種是牛肉或豬肉的料理。而羊

肉料理竟高達八種，與鴨肉、兔肉料理各有三種；雞肉、鵝肉各有兩種相比，明顯多了不少。由於中國自古以來皆為農業社會，牛在農事上扮演相當重要的角色，很早就被禁止食用了。但在這麼多道菜中，居然不見豬肉的蹤影，這一點令人百思不解？

再回到《東京夢華錄》裡找線索，其中卷之二〈州橋夜市〉的篇章中，記錄了當時夜市的熱鬧盛況，其中記載了很多宋朝的街邊美食。然而，在二十、三十種料理中，以豬肉為主的料理，只有「旋炙豬皮」一種。這樣看來，卷之二〈飲食果子〉中沒有豬肉料理，應該不可能是漏記了。

實際上，當時的人並不是不吃豬肉。《東京夢華錄》的卷之二〈朱雀門外街巷〉中提到：「唯民間所宰豬，須從此（南熏門）入京，每日至晚，每羣萬數，止十數人驅逐，無有亂行者。」（唯有民間宰殺的豬，須從南熏門進入京城，每到晚間，每群豬數以萬計，卻只有十餘人驅趕，奇怪的是每隻豬居然都乖乖跟著隊伍走）由此可知，當時的人的確會吃豬肉。事實上，在同書中卷之二〈飲食店〉的篇章裡，也寫道屠宰店吊著沒有頭和內臟的豬、羊。但在那時期無論是餐廳或路邊攤，幾乎看不到豬肉料理。

用其他的史料加以佐證，可知**宋代的人不太愛吃豬肉**，因此價格相當便宜。北宋文人蘇東坡被貶去黃州（現湖北省黃岡縣）時，曾寫下讚美豬肉的詩《豬肉頌》：

黃州好豬肉，
價賤如糞土。
富者不肯吃，
貧者不解煮。
慢著火，少著水，
火候足時他自美。
每日起來打一碗，
飽得自家君莫管。

這是一首頗為口語化的詩，傳神的寫出北宋時期豬肉在大眾心目中的地位。姑不論蘇東坡是真的特別喜歡吃豬肉，還是為環境所逼，只吃得起豬肉，但可以確定他對如何煮出美味的豬肉料理頗有研究，名揚國際的中國名菜「東坡肉」就是他發明的。

雖然有《豬肉頌》佐證，但還是很難想像，為何當時豬肉的價格能便宜如糞土，有錢人還不屑一顧？

這個問題的答案，在宋代文人所著周煇的《清波雜誌》中可以找到。此書卷九中記載著這樣的事：「令買魚飼貓，乃供豬襯腸。詰之，云：『此間例以此為貓食。』乃一笑……止以羊為貴。」（告訴老闆想買點魚餵貓，沒想到老闆卻拿出來豬腸子。問為何這樣，對方回答：『這裡都把這種東西給貓吃』說完便笑了起來……可見最上等的肉是羊肉。）由此可見，被宋人認為是下等肉食的豬肉，自然價格便宜如糞土。《東京夢華錄》的〈酒樓〉篇提到，汴京最高級的餐廳是「迎中貴飲食」（以地位高貴的人為主要顧客）在這樣的**高級餐廳裡，自然不會用到豬肉這類下等食材**。

契丹人入侵，顛覆了中原人的餐桌

在羊肉成為中國餐桌上最尊貴的肉食之前，中國人主要是以豬肉為食。

根據考古學家的研究，新石器時代的遺跡中出土的獸骨裡，數量最多的是豬，其次是羊、牛、狗等。而且，豬骨的數量比排名第二位的羊骨多了近三倍。

前文也提過，《孟子》曾說：「雞豕狗彘（音同「至」）之畜，無失其時，七十者可以食肉矣。」這是孟子向梁惠王提出的治世建議。當時，梁惠王統治的魏國，都城在大梁（現河南省開封市）。「豕」、「彘」指的都是豬。古時把體型大的豬稱為「豕」、「彘」，體型小的稱為「豬」、「豚」，後來就總稱為豬了。從孟子所述可知，在西元前三世紀的開封，肉食指的是雞、豬、狗三種。

到了六朝，吃羊肉的人越來越多。從《齊民要術》中，舉出家畜加工及烹飪方式的例子來看，第一位依然是豬肉。但相對於豬肉的烹飪方法共三十七例，羊肉也有三十一例。顯示羊肉與豬肉在這個時期，普及的程度已不分軒輊，而與位居第三位的牛肉，產生了極為懸殊的差距；此外，在肉類加工部分，豬肉有八例，羊肉則有六例。

中原地區飼養的羊，主要是從蒙古引入的盤羊系。但歷史上沒有明確記載引進中國的時間。僅從《齊民要術》，可知，六朝時羊肉已經在家家戶戶的餐桌上，占有一席之地。但當時豬肉的地位，並未跌落至羊肉以下。**直到北宋時期，羊肉才超越豬肉，成為最上等的肉。**羊肉地位躍升的**最主要原因，源自於歷史上數次外族移居中土所致**。據《後漢書》的卷八十九〈南匈奴傳〉記載，西元一世紀到二世紀之間，有數萬至數十萬匈奴人移民到南方。魏晉以後，因畜牧業而興盛的突厥族，多少也助長了食用羊肉的風氣。

西元十一世紀到十二世紀初，羊肉文化在中原地區成為主流，還有另一個重要的原因。西元九一六年，中國北部出現了契丹國，在西元九四七年，大概是契丹建國三十年後，其國號改成了遼。同一年，遼的軍隊進入了開封（五代十國時期，滅唐立晉）。遼並沒有長期占領開封，但此後作為文化中心地區的中原，經常受契丹族的威脅。這段期間，契丹人不斷以勝利者的姿態進入南方，也把他們的風俗習慣傳入中原。

契丹原本是游牧民族，在《遼史》卷四十八〈百官志四〉提到他們「畜牧、田漁為稼穡。」日常飲食中，則以羊肉及乳製品居多。這些習慣在他們進入中原後也未曾改變，因而設置了許多負責畜牧的官職。

此外，契丹的皇族和漢民族一樣，都有祭祀天地神靈的宗教儀式，被稱為「祭山儀」。祭祀時用的牲畜是公的馬、牛、羊。在契丹民間習俗中，羊肉出現的頻率很高。如正月第一天，要吃用白羊骨髓中的脂肪與糯米飯混在一起、製作成拳頭大小的飯糰；冬至時，要殺白羊、白馬、白大雁，將其血倒入酒中。

自古以來，人們在節慶吃的食物和祭祀用的供品，都反映了民族的飲食文化，由此可見，羊肉是契丹人生活中，非常重要的食物，這樣的飲食習慣也隨著契丹族短暫進入中原，改變了中國人的餐桌。

《東京夢華錄》中記載的汴京雖是宋的都城，但在地理位置上很接近遼，經常受到契丹軍事力量的威脅。因此幾乎可以確定，決定中原地區羊貴豬賤的文化演變，主要是契丹族的飲食文化滲入中原所致。

契丹人失勢，羊肉更流行

定居中原的契丹族，不僅改變了中國北方人喜好肉食的風俗，也對後來統治中國大陸北半邊的女真族，產生很大的影響。西元一一一四年，**金破遼**，次年正月初一宣布建國，國號「大金」，女真族政權取代契丹勢力，在中國北方建立國家。

與契丹族不同，女真族既喜歡吃羊肉也喜歡吃豬肉。女真族的祖先是肅慎族和靺鞨族，在《晉書》卷九十七〈肅慎氏〉中，對肅慎族的描述是：「無牛羊，多畜豬。」；另外在《舊唐書》卷一百九十九（下）的〈靺鞨〉中，關於靺鞨族的描述也與之類似。而女真族也延續這樣的飲食習慣，**但以豬肉為主**。

遼亡國後，定居中原的契丹人開始與漢人一起生活。他們當然沒有捨棄食用羊肉的習慣。因此在中國北方，因民族遷徙加上社會階級的流動，使得吃羊肉的風俗更普及了。

雖然，在女真族進入中原時，豬肉再次回到肉食排行之首的寶座，但女真族遷移至黃河中下游地區後，受到當地人的影響，他們也逐漸開始吃羊肉了。特別是到了大金後期，女真人的肉食幾乎都是羊肉了。據《松漠紀聞》記載，接待宋朝來的使臣，金朝用的是小麥粉、食用油、醋、鹽、米，醬等。此外，羊肉按一天八斤的標準準備接待使者的宴席。而且，肉類食物只有羊肉，可推測**當時的女真人幾乎只吃羊肉**了。

另一方面，宋朝敗於金朝後，遷都杭州。大量的人民隨著政權南遷，也從北方移居到長江下游地區，也把吃羊肉的習慣帶到南方。記錄南宋都城杭州日常生活的著作《武林舊事》，其中卷六〈市食〉中提到，拌著羊油的韭菜餅和羊血做的料理。卷九中更記載了南宋高宗皇帝行幸（編按：指君主親自外出視察某地），去了清河王張俊的宅邸，當時的食譜中就有薄切煮羊舌。另外，**高宗隨行的官員的菜譜中，多次出現了羊肉料理**。可見羊肉對南宋人而言，也有著令人難以抗拒的影響力。

到了元朝，蒙古族政權不僅統一了中國，其統治範圍甚至延伸到部分歐洲地區。因畜牧的需要，**蒙古族特別重視狗**，當然不會吃狗肉。對他們來說，狗是工作夥伴、朋友，吃狗肉是殘忍且不道德的行為。元朝成立後，這種價值觀也影響到被統治民族。馬可．波羅在其自傳《馬可．波羅遊記》中，記錄過一段耐人尋味的話。他說在杭州設有屠宰場，「專門宰子牛、公牛、山羊、綿羊等大型動物。這些動物的肉，專供貴人及富有階層食用。但一般的下層階級，吃汙穢的肉而且毫不在意。」至於什麼是「汙穢的肉」，馬可．波羅並沒有明說。在這一段文字裡，幾乎提到了所有的食用動物和家禽，唯獨沒有提到的就是豬和狗。狗在元朝當然不會是「汙穢的肉」，唯一的可能就是指豬肉。

其實這樣說是有一定的道理。中國古代有在廁所下方飼養豬的習慣，漢代有陶器的模型可以證明（見圖表5-1）。

一直到近代，部分中國地區仍保持著這種習慣。也許因為飼養環境，當時的人才會說豬肉是「汙穢的」。這或許是蘇東坡詩裡提到，**「富者不肯吃」的原因**。

圖表 5-1　漢代陶製豬圈模型

▲ 古人通常會在廁所下方養豬，故後來的人才會將豬肉視為「汙穢的肉」。（圖片來源：國立故宮博物院。）

02 北宋料理尚無熱炒，很文青、頗懷石

說到中華料理，很多人的印象是油膩。當然，中國人自己並不這麼認為。客觀來看，的確有許多中式菜餚需要用到大量油。

現在的中華料理中，有四種典型的烹飪方法：炒、爆（先蒸或煮後把水瀝乾，用很多油爆炒）、炸、煎（食材的三分之一浸在油裡，用小火炸）。這四種方法都會大量使用到油。有的菜，在完成後的菜餚上還會澆上麻油。另外，在平時的烹調上，蒸的食物上會澆油，涼拌菜也會淋上足夠多的沙拉油、麻油等。慢火燉煮類的菜也與日本不同，用的是脂肪較多的肉類，因而就更加油膩。

然而，這樣味道濃厚的菜餚，是什麼時候開始出現的？

唐代韋巨源的《食譜》中，列舉了五十八種菜餚，其中的煮法大多是蒸和炙。炙，古時是「烤」的意思。現代也有指用醬油燒至湯汁收乾為止的烹飪方法，但古時不是這樣的意

思。因《食譜》中只有菜餚的名稱，詳細的烹飪方法大多沒有紀錄，很難查證這些菜餚的配料和做法，但很明顯不是用很多油來炒的菜餚。此外，在《食譜》中還提到用「沸油烹」的方法做的菜，稱為「過門香」，但沒有說到詳細的製作方式，根據其他史料佐證，大概可以推測出，是先煎後炸而成的菜。

在《酉陽雜俎》的〈酒食〉中，記載了一百二十七種菜餚及點心，不過沒有發現類似先煎後炸或炒的料理。

皇后愛吃生菜，還要拌上牡丹花瓣

在唐高宗咸亨年間，唐朝高僧義淨穿越西域，花了二十五年訪問三十多個國家，他曾在《南海寄歸傳》卷三中提到：「東夏時人，魚菜多並生食。此乃西國咸悉不飡（音同「餐」），凡是菜茹，皆須爛煮，加阿魏、酥油及諸香和，然後方噉。」（現在的〔指唐朝〕中國人，常吃魚、菜，且以生食為主。西方各國反而不會這樣吃，至於菜類、菇類都必須煮爛後，加大蒜、酥油等香辣調料攪拌均勻。）這種吃法與現代西餐中的生菜沙拉很相似，這顛覆了多數人認為生菜沙拉屬西餐的印象。

唐代沒有留下詳細記錄烹調方法的書。現存的文獻中，只記錄了菜名，沒有記錄煮法。而且，其中大部分是使用魚、肉的高級菜餚，沒有蔬菜的烹調方式。

不過，唐代孟詵的《食療本草》中，出現了不少蔬菜。從書名就可看出，這本書是醫療書，因此書中即使提到蔬菜，主要也是闡述其療效，只有少數內容提到如何食用。比如，書中記載了蕹菜可以做成湯，也可以搗爛後生吃。另外，芹菜加入酒及醬料後拌著吃，味道也很好。

但很多場合生食是一種禁忌，比如在四季的最後一個月，也就是三月、六月、九月、十二月，如果生吃葵菜，容易引起消化不良，或造成舊疾復發。另外，還記載了被霜打後的葵菜，生食會對健康有害、三月不能生吃藠豆等。

然而，這些記述也反過來證實了，當時在吃葵菜、藠豆等蔬菜食，多以生食為主。如果沒有生食的習俗，就不會這樣特意提醒了。

從醫療保健的角度來看，涉及生食問題的蔬菜還有止血草（原文為雞腸草）、香菜（原文為胡荽）、野豌豆（原文為翹搖）等。但《食療本草》只提出生食具有治療效果的蔬菜、或反之對健康會帶來不良影響的蔬菜，並未記錄所有的蔬菜。儘管如此，從這裡也可推測，**在唐代吃生菜的習慣相當普遍**。

這樣的情況一直延續到宋代，同樣是在《山家清供》的〈如薺菜〉一節中，介紹了苦菜沙拉：「其法：用醯、醬獨拌生菜。然太苦則加之薑、鹽而已。」（這道菜的做法是用醋、醬拌生菜。如果太苦，則要加些薑、鹽。）因苦菜比較少見，所以才會特別記錄，可以推測其他的蔬菜也許有同樣的食用方法。

自古以來，人們普遍認為蔬菜的價值比肉低，不過，在王公貴族的餐桌上，仍少不了蔬食，更令人訝異的是，他們不排斥吃生菜。最有名的例子，就是南宋高宗的皇后憲聖皇后，她生活十分簡樸，一直讓廚師為她送「生菜」，並囑咐廚師在菜裡一定要拌上牡丹花的花瓣。

多數情況下，「生菜」原來指的是萵苣，但宮中的菜譜每天都不一樣，從中可推測，有許多蔬菜都是洗淨後就直接食用。

「炒」菜？南宋後才開始

現代的中華料理中，「炒」一直是最主要的烹調方式。然而，炒菜是什麼時候發明的呢？如前所述，在唐以前的文獻中，一次也沒有看到過用「炒」命名的菜名。

最古老的關於炒菜的紀錄，出現在北宋的飲食書籍中。因此可以合理推測，炒這種調理方式，最早可以追溯至晚唐。不過**即使到了宋代，「炒」依然不是最主要的烹飪方法**。在《東京夢華錄》中，炒菜也只記載了炒肺、炒蛤蜊、炒螃蟹三種。還未出現目前常見的炒豬肉、炒雞肉、炒魚、炒蝦等料理。宋朝首都汴京的餐館裡，菜單上根本看不到炒製的菜餚，由此可以看出，這樣的烹調方式在首都都還沒有流傳開來。

宋敗於金後遷都南方，這時炒製的料理才逐漸多起來了。被推測為南宋後期完成的《玉食批》，其中記錄了許多向皇帝進貢的菜餚。書裡出現像炒鵪鶉、炒黃鱔等以前的文獻中沒有記載的珍貴料理。

原本，炒菜被稱之謂「南炒」（南方的炒菜）。如《玉食批》中的「炒黃鱔」，原文為「南炒鱔」。由此推測**炒菜也許是南方沿海居民發明的**，也可能是**因為魚貝類等食材，最好能在極短的時間內加熱食用**，因此南方沿海居民才會開始以炒的方式料理食物。事實上，《東京夢華錄》中出現的三道炒製菜餚，有兩道是海鮮；《玉食批》中半數以上的炒菜，食材都是魚。

南宋的《山家清供》是一本以追求質樸生活、鼓勵人返璞歸真的書，因而書中記載許多蔬食。十分有意思的是，**炒製的蔬食大部分都被記錄下來**。如《山家清供》的〈元修菜〉一節裡就詳細說明其煮法：「用真麻油熱炒，乃下鹽、醬煮之。」（用麻油炒野豌豆苗，然後用鹽、醬調味。）這種烹飪方法，與現代炒豆苗的料理步驟幾乎一樣。

不過，**即使到了南宋，炒菜仍不是主要的烹飪方法**。這一點可以從《山家清供》得到佐證，這本書雖然提到許多當時的家常菜，但炒菜只有五、六種；同樣在南宋的《玉食批》中出現九十八道菜，以「炒」命名的菜也僅有炒鵪子、糊炒田雞、蟹炒蔓菁、炒白腰子、南炒鱔等，約五、六道。

同樣是炒，宋代的炒與現代的炒有著微妙的不同。在《山家清供》中，與現代相同的炒蔬菜，只有前面提到的炒野豌豆苗一種。其餘的五、六種都與現代的炒菜不同。

比方說，在江南地區的「炒草頭」，是經常吃的蔬食。草頭的學名為「苜蓿」，中國北方稱「金花菜」。《山家清供》的〈苜蓿盤〉中提到該種蔬菜的煮法：「**采，用湯焯；油炒**，薑鹽如意。」意即將草頭採下來整理好後，先用熱水煮，再用油炒，之後加入適量的生薑和鹽。炒菜本來是利用油的高溫瞬間加熱，目的是為了保留食材原始的鮮甜。不過，將蔬菜焯一下後再炒，儘管可去除食物的澀味，但炒的效果就幾乎沒有了。

宋代炒菜的另一個特徵，是將「炒」作為中間加工過程。例如，當時有一道炒紫英菊，紫英菊是與茼蒿同類型的菜，在《山家清供》中提到其煮法：「今法春采苗葉洗焯，用油略炒煮熟，下薑鹽羹之。」（現在（宋朝）的烹調法為，開春時採葉苗，**洗淨後先用熱水燙一下，然後用油快速炒後再放入薑、鹽**，做成湯。炒只不過是整道菜的加工過程，這麼做能讓整道湯的香氣更濃郁。

做餛飩的餡也是如此，《山家清供》的〈筍蕨餛飩〉章節提到：「采筍蕨嫩者，各用湯藥炒以油，和之酒醬香料」。意即，摘取竹筍、蕨菜的嫩芽，分別用熱水燙一下後，用油炒，再加入調味料拌勻，在這裡「炒」只是料理的步驟之一。

不過同樣是中間加工過程，在《山家清供》中有一道叫做「山家三脆」的菜是這樣做的：「嫩筍、小蕈、枸杞、菜油炒作羹。」意即將竹筍、蘑菇、枸杞放在一起炒後再煮湯。

《山家清供》中還有一道叫做「滿山香」的菜，煮法是「不用水，只以油炒，候得汁出，和以醬料盦（音同「安」）熟。」（不用水，只用油炒，炒到菜出水後，添加醬及其他調料，再放在有蓋的器具裡燜熟）。這幾道菜有一個共同的特色，都是先炒，再以其他方式烹煮。特別是後者「不用水，只以油炒」，可以看出是刻意透過「炒」，保留蔬菜的鮮甜。這種烹飪方法不只限於蔬菜。另一道宋朝的家常菜「東坡豆腐」也是先將豆腐炒過，再拌入佐料。

至於以肉、魚為主的菜，到了南宋也開始以炒的方式料理，如元代的《居家必用事類全集》中有一道叫做「川炒雞」的菜。由此可知，宋末至元代，這段時間人們開始用炒的方式烹調各種食材。

充滿文青風的宋朝菜

若比較日本料理與中華料理，最大的不同有兩點。一是與口味清淡的日本料理相比較，中華料理普遍較油膩，二是日本料理是以味道清淡為上乘，中華料理則崇尚濃郁的味道。然而，讀了《山家清供》後，可知**宋朝人做菜時，也不會使用大量的油熱炒**。我時常照著宋朝料理書中的配方，自己試著做一下古時候的菜，每次看著煮出來的菜，總是十分震驚。無論是哪一道菜，油都非常少，與現代中華料理給人的印象截然不同。倒不如說，口味更**接近清淡的日本料理**。

比如「蟹釀橙」這道菜，是將蟹肉塞進柚子皮內蒸熟的菜，其製作的方法如下：「選較大顆的柚子，切去頂部，剜去柚瓤，留下一點汁，將蟹膏與蟹肉塞進柚皮內，將切下的頂蒂當蓋子覆在柚子頂部，放進小的蒸鍋裡，加酒、醋，隔水蒸熟。從外觀來看就不像中華料理，而且**一滴油都沒用到**。**這樣的菜若與日本的懷石料理擺在一起，完全不會覺得有什麼不**

對勁；反觀現代中國，這樣的烹飪方法已不多見了。

《山家清供》中，有另外一道菜叫「山海兜」。這是把海鮮裹起來蒸的料理。做法是：「春采筍蕨之嫩者，以湯瀹（音同「要」）之，取魚蝦之鮮者，同切作塊子，用湯泡滾蒸。入熟油醬鹽研胡椒拌和，以粉皮乘覆，各合於二盞內蒸熟」。意即先將鮮嫩的竹筍、蕨菜用熱水燙過。選新鮮的魚、蝦切成小塊，在滾水中汆過，再用大火蒸熟。接著，將蒸好的魚、蝦肉裡放入煮好的竹筍和蕨菜，再加醬、鹽、胡椒及食用油，攪拌後做成餡料。最後用綠豆澱粉做成的薄皮，像包春捲一樣把餡料包進薄皮，分別裝入一小碟子上，放入蒸器中蒸。這裡雖說用了食用油，由於竹筍、蕨菜能吸油，整道菜吃起來不會太油膩，可惜這道菜現在已失傳。

上述幾道菜的做法，都與日本料理非常接近。在日式料理中，煮竹筍、香菇時不太會加油，常用煮或蒸的方式來加工。我曾在京都的餐廳吃過竹筍料理，那家店的最大特色，就是從開胃菜到最後的甜品，全部都用竹筍製作，可謂「竹筍全席」。令我印象最深刻的是，店家將煮過的竹筍按原形直接端上桌。因為在中國菜中，很少看到「整支」的竹筍，在料理竹筍時，多半會加入很多油再用大火爆炒，僅僅煮好或蒸好的竹筍，感覺就像把只做了一半的料理直接端上桌。

然而，回到宋朝這樣的菜可能一點也不稀奇，反而是加了很多油的中國菜，才會讓宋朝人嚇得目瞪口呆。另外，在《山家清供》中，也有介紹名為「酒煮玉蕈」的料理，其做法與日本料理更相似：「鮮蕈淨洗約水煮，少熟乃以好酒煮，或佐以臨漳綠竹筍尤佳」。也就是將新鮮的香菇洗淨後，用少量的水煮，待煮熟後加入上品的酒再煮。書中有提到，若加入臨漳出產的竹筍，味道會更鮮美。這道菜在製作過程中，同樣不加任何一滴油。如此清淡的做法，完全顛覆了現代人對中國菜的印象。

03 宋式蔬食～哇嗚

在了解中國飲食文化的演變時，多數人會面臨一個難題，到底該以哪個階層的飲食作為時代的代表？當然，宮廷菜的確是各個時代飲食文化的結晶，但這是少數特權人士的飲食習慣，難以反映整體的飲食文化；若以平民的飲食日常為主，又似乎過於單調，也不夠全面。

實際上，中國歷史上還有一個相當重要的階級，他們介於權貴與平民之間，也就是所謂的文人階級。雖然他們無法享受王公貴族般奢侈的排場，但經常透過飲食、起居，反映自己的價值觀、生活哲學，或從中追求自己獨特的審美意識。最重要的是，這群人很愛「寫」，而他們記錄最多的，就是自己每天的生活，舉凡吃下肚的食物、做了哪些事都可以轉換成文字。而這些看似平凡的日記，就成為我們研究當時生活習慣與飲食文化的重要史料。

《山家清供》就是其中的典型。但若僅以這本典籍，就想復原宋代的飲食生活，還是有些偏頗。不過，我們仍能從其中記錄下來的烹調方式，大致推測出當時的料理習慣。

翻閱《山家清供》，當時的人多半將蔬菜做成涼拌菜。然後才是煮湯、炒和油炸。其中涼拌菜和湯的蔬食料理，加起來有二十種以上，而炒菜相對就少很多，就算把做菜過程中會使用到炒法加工的料理加進去，也只有六種。而用油炸方式做的菜就更少了。

涼拌菜中，現在還在食用的只有芹菜和萵苣。而同樣是涼拌菜，**宋代的涼拌芹菜用的是醋**，與現代多用醬油和麻油的食用方法也不一樣。此外，現代的馬蘭頭（編按：為上海菜，臺灣少見）、茼蒿、蘿蔔、黃瓜等，也都是以醬油、麻油拌著吃，同樣做法的涼拌菜，在宋代的料理書中幾乎找不到。

另外，也有一些古今都深受喜愛的菜，但用途卻大不相同，如韭菜無論在過去或現在，都是相當普及的食材。不過現在多將其作為配菜或餡料，例如包成韭菜水餃、製成韭菜盒等，或與肉類食材拌炒，比方說炒牛肉。但宋代與現在不同，當時的人吃韭菜都是用水燙熟後，直接做成涼拌菜。至於要搭配什麼調味料，古書上沒有詳細的記載。另外，竹筍、蕨菜、蓴菜以及蘑菇等食材，**過去都是涼拌著吃**，現在則很少人這樣吃了。**倒是日本繼承了這種吃法**，竹筍、蕨菜、蓴菜等都有涼拌的做法。特別是蕨菜和蓴菜，這兩種菜在日本很常見，而且幾乎只有涼拌的吃法。

確切而言，不使用油的涼拌菜，在現代中國菜譜中與需要熱油快炒的菜餚相比，數量相當少。所謂的「拌菜」類，其方法就是將生菜或煮過的蔬菜，與醬油和麻油拌在一起。但宋代的拌菜，是以鹽和醬為調味料，多數會用到茴香、胡椒這類香料，並且幾乎都不加食用油。可以說，宋代的涼拌菜，與現在日式料理的漬物的處理方式較為接近。

清澈如溪水的湯，最上乘

宋朝人除了愛吃涼拌菜之外，也很喜歡把食物做成「羹」，有許多種吃法的是「羹」，也就是湯。羹是最古老的菜餚，春秋時代的文獻中已經可以找到相關記載。特別的是，到了宋代之後，出現了許多新的烹飪方法，儘管如此，羹依然是主要的烹飪方法之一。

根據《山家清供》中的記載，草頭（苜蓿）、蘿蔔、蕪菁葉、葵菜（不是龍葵）、蓬蒿等多數蔬菜，都會被拿來煮湯。而且，除了蔬菜以外不再放入肉和魚。現在除了貧困山區，幾乎所有地方都看不到這樣的湯了。現在的人雖然也會用白菜、高麗菜、薺菜、蘿蔔等煮湯，但多少都會放些肉或配料。還有一點不同的是，現代人基本上不會用苜蓿、蕪菁葉、葵菜、蓬蒿、芹菜等來做湯。

宋代的湯還有一個最大的特色是，湯裡基本上不加油。當時有一道叫做「驪塘羹」（驪，音同「離」）的湯，是將蘿蔔和蔬菜切細，用井水熬到食材幾乎融化。煮好後湯會呈現綠白相間的顏色，多數人在吃完飯後才喝湯，在當時是無可取代的美味。由此可以了解，**當時的人煮湯不會加油**，這和後來的中國菜也有相當大的不同。

我到日本之後，曾吃過懷石料理。湯端出來時，見到如白開水般透明的湯裡，有一塊白色魚肉沉在湯底。當時我心想，這道菜一定不好吃，但為了不失禮，還是勉強執箸，喝了一口後才發現湯頭意外的美味，而且味道非常有層次。對比現在的中華料理，湯汁多半色濃、口味厚重，從未見過像水一樣透明的湯。

然而，宋代的湯也是如水般清澈，就像懷石料理的湯一樣。《山家清供》中介紹了一道名為「碧澗羹」的湯，整道湯只加芹菜再做些許調味，湯汁清澈、香味撲鼻。因像山谷間流淌的綠色小溪，故取名為「碧澗羹」。當然，這道湯也是不加任何一滴油。

從上述的內容可以推斷，宋朝時煮湯的方式與從前的羹又有些出入，**從前的湯多半會加入肉，但到了宋朝開始只用菜去燉湯**，很少放入肉，或許因為這樣，才能煮出清澈的湯。

湯是何時變油膩的？

宋代時即使是加油煮成的湯，也不像現在湯的表面浮著一層油。如「山家三脆」這道湯，就是將竹筍、蘑菇及枸杞的嫩芽爆炒後再煮成湯，由於竹筍會吸油，這道菜也幾乎感受不到油膩。

前面提到的清湯，幾乎都是來自民間的料理，因此不太清楚這種清淡的湯，是否也在宮廷中或上流社會。然而，據古籍記載，向宋高宗進貢的御膳中，有稱之為「三脆羹」的湯。正因為口味清淡，被認為是上乘的料理，所以成為了呈獻給帝王的貢品。從這裡可以發現，宮廷中的飲食文化與文人的味覺，甚至是貧民的飲食生活，都沒有完全斷絕開來。

有趣的是，在宋朝煮湯時放油是很前衛的煮法。《山家清供》的作者就曾把薹和油菜煮熟後做成湯。他正洋洋得意這菜做得真好時，恰好有朋友來訪。於是與朋友分享了這種新的煮法。方法就是在湯裡煮蔬菜時，待水稍稍沸騰後，加入食用油、醬和炒過的香料粉，馬上蓋上鍋蓋，直到煮透。這種方法煮出來的湯，喝起來非常鮮甜。看一下所使用的調味料，新的材料就只有食用油。就這樣，加食用油的湯菜變成當時的創意料理。實際讀過《山家清供》中所記錄的湯菜就可知，不加油的湯菜比加油的多。

宋代的蔬食與現代相比，還有一個很大的差別：宋代無論是涼拌菜還是湯，或是炒菜，在大多數情況下，**作為佐料都是要放薑**。比如炒苜蓿時會加入薑。當時有一道叫做「太守羹」的湯菜，僅用茄子和莧菜烹煮，在料理時一樣要加入薑。

蘇東坡曾做過「東坡羹」這道菜。食材是大白菜和蕪菁葉子，或是蘿蔔和薺菜。一開始先將蔬菜燙一下去除澀味後，將菜放入熱水中，加入一點生米及薑，最後蒸一下即可上桌。而現代在煮這類蔬菜時，一般人已不放薑。薑基本上只在做肉類、魚類菜餚時才使用，除了茄子以外，薑基本上不會出現在以青菜為主的料理裡。

吃花、吃葉，古代文青這樣搞風流

現代的中華料理中，除了僅有的兩、三種花，如金針、百合之外，基本上不會拿花來食用。有些人會將菊花風乾後泡茶喝，但基本不會直接拿來吃。而樹木的葉子則是饑荒時期的救濟食物，正常狀況下不會有人吃。與此相對的是，**日本料理中使用了各種各樣的樹葉**。尤其到地方上，很多人會將植物的樹葉炸來吃，製成天婦羅。

其實**在宋朝，許多的花和樹葉都可以拿來吃**。當時的人更會想辦法用各種花入菜。僅舉

《山家清供》中的例子，就有菊花、梅花、牡丹花、梔子花、蓮花、杜鵑花等。而在文人之間，花被隱喻為「風流」，在許多菜餚裡都會放入花。

在當時即使沒有鬧飢荒，也會將樹葉做成菜。最有名的莫過以柔軟的柳樹葉與韭菜，一起做成的涼拌菜，另外，海仙花樹葉也可用來做湯。當時還有人會將槐樹葉拌入小麥粉，製作成麵食。這些都是現代人很難想像的飲食。詩聖杜甫的《槐葉冷淘》一詩中，就記錄了如何吃槐葉的方法：

青青高槐葉，採掇付中廚。
新麵來近市，汁滓宛相俱。
入鼎資過熟，加餐愁欲無。
碧鮮俱照箸，香飯兼苞蘆。
經齒冷於雪，勸人投此珠。

該詩共有二十行，這裡摘錄的是其前半部分。詩的大意為，青翠欲滴的槐樹葉，採摘下來送到廚房。正好新上市的麵粉也到手，把**從槐葉絞出的汁水連同葉渣，一起拌入麵粉**。放入鍋內擔心燒得過熱，以致品嘗時失去槐葉本來的風味。冷淘碧綠的顏色和筷子相映，再將**蘆葦的新芽拌入香噴噴的飯裡**，放入口裡猶如牙齒碰到雪似的冰涼爽口，那種美味是連吃下肚後，都猶如把珠寶扔掉似的，令人感到可惜。

這裡提到的「冷淘」，是一種糰子狀的冷食，後來出現的冷麵，可能就是由冷淘發展而來的。從杜甫《槐葉冷淘》可知，槐葉和小麥粉調和做成麵食，至少可以追溯到唐朝。

當然，除了食用的方式外，食材也有些改變。後來中國已不吃牛蒡，種植的牛蒡都出口到日本去，是最近日本料理盛行，才又重新回到中國人的餐桌上。

其實在宋朝，牛蒡也是很常見的食材，當時還有「牛蒡脯」這道菜。煮法是先剝去牛蒡根的皮，煮後用錘子敲碎成泥狀，再去除水分。與鹽、醬、茴香、薑、食用油一起調和，浸泡一至兩天，再用火烤乾，製成像肉乾那樣的味道。但這樣的菜現已失傳了。

第六章

明成祖攜麵食北上，吃飯傢伙由湯匙變筷子

01 筷子從橫擺變成直著放。理由涉及政權

在日本，把筷子橫著放是基本禮節，但在中國一般是直著放。單就筷子的放置方法，就可比較文化論的一番宏論，不過，更值得討論的是，筷子明明是由中國傳入日本的，為什麼當時的日本人卻研創出不同的擺法？

對此，我倒有一個不同的假說：日本的筷子橫著放的起源，很可能是起源於中國古代。至於為什麼中國人現在把筷子放直的？一種設想是，在長期的歷史過程中，中國因某種原因，筷子由橫著放變成直的擺了，而日本卻還保持著以前的樣子。為證明這一點，我查了各種書面資料，但沒有找到任何線索。

後來意外的從唐代的壁畫找到證據。西元一九八七年，在陝西省長安縣南里的王村，當地出土的唐代中期墓葬的墓室裡，發現了一幅描繪宴會場景的壁畫。可以清楚的看到低矮的餐桌上，筷子是橫著擺放的（見圖表6-1）。

在其他同期的畫作，也可以發現相關的證據。在敦煌莫高窟編號四百七十三窟的壁畫中，也描繪了古代的宴席，筷子和湯匙都是橫著擺的。

另外，在榆林編號二十五窟描寫結婚場面的壁畫。雖然畫面受損較嚴重，只能看到部分畫面，但可以確認畫中男性面前的筷子，也是橫著放。這些都證明，至少在**唐代之前，中國的筷子都是橫著放的**。

圖表 6-1　唐代的晚宴上，筷子是橫著放的

▲ 圖為1987年於陝西省長安縣南里王村出土的壁畫，可見當時的人筷子擺放方式與現在不同。

宋元時代之前，筷子多半橫著擺

是什麼時候開始，中國人餐桌上的筷子由橫著放變成直的放？唐代的李商隱在《雜纂》的〈惡模樣〉中指出，在眾多失禮的舉止中，最典型的就是「橫箸在羹碗上」（把筷子橫著擺在碗上）。雖然這是被李商隱痛斥的壞習慣，但無法證明李商隱的見解，代表了當時的社會常識。恰如現代的評論家，會刻意批評看不順眼的世俗習慣那樣，他們只是出自個人的好惡，對社會現象做一番批判而已。由此可以推測，筷子橫放在碗上，在當時是很常見的。

實際上，清代的梁章鉅在《浪跡續談》卷八中談及這一點時，曾提到「橫箸在羹碗上」的風俗也延續至後代。據說，原本筷子橫著放在碗上，是表示比長輩、主管更早吃完，為謙遜的象徵。到了明代因為明太祖厭惡這個習俗，此後才被認為是失禮的行為。

依據梁章鉅的說法，在明代，餐後把筷子橫著放在碗上，被視為無禮的舉動。假設以此聯想到，餐後將筷子橫著擺放，在那時已成為一種禁忌，由此可以推測，大概是明代後才形成將筷子直著放的習慣。

但實際情況並非如此。在山西省高平的開化寺內，有一幅題為《善事太子本生故事》的**宋代壁畫**（見圖表6-2）。雖畫面不太清晰，但可以看出，**畫中的筷子是直著擺的**。

另一幅名為《韓熙載夜宴圖》的畫是五代畫家顧閎中的作品，描繪南唐大臣韓熙載極盡歡愉的生活。但西元一九七〇年代發表的新研究認為，從繪畫方法、畫中人物的穿著、動作可推斷其創作年代不是南唐，而是宋代初期。

《韓熙載夜宴圖》實際有好幾種版本，細節部分有微妙的差異，例如北京故宮收藏的版本上就看不到筷子。在「榮寶齋木版水印本」上的版本則有筷子，而且筷子是直著擺的。

由此可以確認，筷子直著擺放的風俗在宋代以後就出現了。

圖表 6-2　宋朝的壁畫《善事太子本生故事》

▲ 由圖可見，在宋朝時已習慣將筷子直著擺。

在宋代的《事林廣記》之中，也有描繪蒙古官吏「玩雙六」（即雙陸，古代一種棋盤遊戲）的插圖（見圖表6-3），在其右側的桌子上，與料理、酒壺、盆子一起，畫上了直著擺放的筷子。《事林廣記》是宋代陳元靚編撰的，因原來的版本有誤，在元代發行了增補本，並廣為流傳。因此書中插圖混雜了元代的作品。所以大概在宋代、最遲在元代，大部分的人已習慣將筷子直著擺了。

明代因印刷術發達，帶有插圖的書籍大量出版。其中畫有餐桌的插圖上，筷子皆是直著擺的。在明

圖表 6-3　宋代陳元靚編撰的《事林廣記》書中之插畫

▲ 圖中可見右方桌上的筷子為直著擺的。

萬曆年間出版的《金璧故事》中的插圖，就是其中的一例（見圖表6-4）。

什麼時候開始，我們在餐桌、而非席子上用餐？

縱觀歷史，唐至宋之間中國人的飲食生活型態確實發生了巨大變化。

在東漢的墓中，大量發現雕刻有畫像的壁磚。從這樣的畫像，可知當時的飲食和飲食習慣。尤以四川省成都出土的《出行宴樂畫像》（見下一頁圖表6-5）最具代表性，畫中出現了東漢的宴樂場景。參加者都坐在席子上用餐，料理擺放在矮桌上。

這些資料顯示，**東漢時中國人也與現在日本相**

圖表 6-4　明代萬曆年間出版的《金璧故事》

▲ 明代出版的書籍，其中關於餐桌的插畫，皆可看見筷子為直的擺放。

同，吃飯時不是坐在椅子上。

前文所舉的、出土於陝西省長安縣南里王村的壁畫上，主人和客人都不是坐在席子上，而是**坐在矮凳上，餐桌也是用矮桌。可見從唐代開始，已不再坐在席子上吃飯**。

同樣能幫助現代人了解唐代風俗習慣的畫卷，是目前收藏於臺灣故宮博物館的《宮樂圖》（見圖表6-6）。現存的繪畫是宋代的摹本，原作是唐代中期完成的。《宮樂圖》描繪的是邊聽著音樂，邊喝茶的場景，從畫裡可見，宮中基本擺設已少不了椅子和桌子。

這幅《宮樂圖》與陝西省長安縣南里王村的墓室壁畫，其製作年代一樣，都是

圖表 6-5　《出行宴樂畫像》描繪的東漢宴樂場景

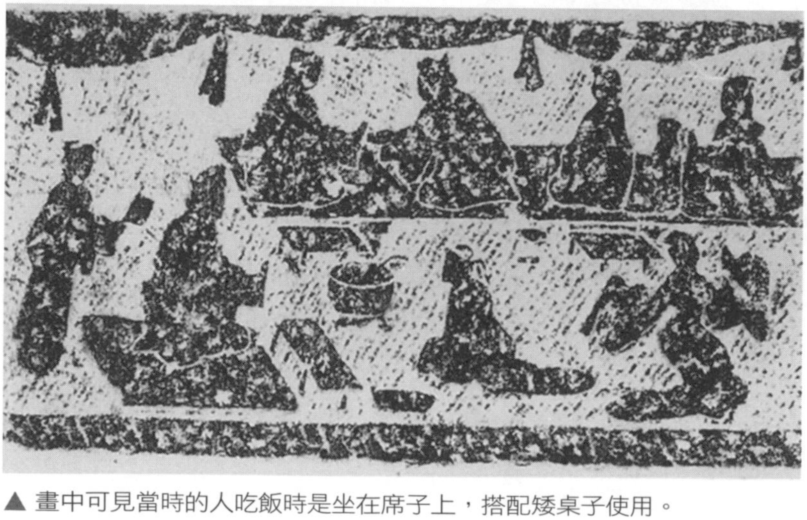

▲ 畫中可見當時的人吃飯時是坐在席子上，搭配矮桌子使用。

中唐時期，但將兩者作比較，可發現桌子、椅子的外形及用法各有不同。很明顯，不同階層所用的日常用品及其用法，也會有些出入。

那麼，與現在相同、在桌子上用餐的風俗習慣是何時開始的呢？

再看到《韓熙載夜宴圖》，可知宋代開始，椅子和桌子的用法大致上與現在相同。當然，這幅畫描繪的是居於權力中心的上流社會，落差相當大。那麼，當時的庶民又是怎麼吃飯的？

參考宋代墓穴出土的壁畫，有一幅稱為《宴飲》的作品（見下一頁圖表6-7）。圖中的人物是墓穴的主人，身分不清楚。從服裝和日用品上來看，不像

圖表 6-6　《宮樂圖》描繪的是中唐時期的宮廷宴會

▲ 從圖可見中唐時期宮中的人已坐在椅子上，於餐桌上用餐。

是上層階級。但也雇了傭人，推測是有一定程度的地位和經濟實力，也許是基層官員或商人。與《韓熙載夜宴圖》中精巧的桌椅不同，《宴飲》中的椅子和桌子製法較粗糙。從這幅壁畫中可知，**宋代庶民的日常生活中，已普遍使用目前一般常見高度的椅子和桌子了**。

然而，生活從坐在席子上，到使用椅子與桌子，與筷子的用法沒有直接關係。為何從宋代到元代一段時間裡，橫向擺放的筷子變成縱向擺放了？

回溯到唐與宋之間的五代十國時期，這是一個動亂的時代。這期間，北方的騎馬民族不斷進入中原，建立王朝。與此相伴，移居到漢民族的居住地。因為他們從事畜牧業的，以肉為主食。用餐的時候當然會使用餐刀。這類鋒利的刀具，一不小心就會傷到人，因此，當時的人在用餐時，自然會使餐刀的刀尖朝向與自己相反的方向。

圖表 6-7　宋代的作品《宴飲》

▲ 此壁畫出土於基層官員或商人的墓穴，可推斷當時宋代的人已普遍使用桌椅。

實際上，品嘗蒙古料理時，觀察餐具擺設的位置，可以發現餐刀就是直著擺放的。**五代十國時，隨著北方民族南遷，不難想像，移居過來的人們仍保持用刀子的習慣，自然也會將筷子像餐刀一樣縱向擺放**。即使在宮廷裡，從皇帝到各級官僚，也在無意識之間，將筷子縱向擺放了。加上自古以來，宴會的規模和頻率大多可作為彰顯帝王權力的手段。外族成為領導階段，為了穩定政權，自然會頻繁舉辦宴會。在這過程中，筷子縱向擺放的習慣也許就逐漸滲透到了高級官僚中。此外，中國人常用橫截面是圓形的筷子。在使用椅子與桌子的生活中，將筷子縱向擺放，就可避免筷子從餐桌上掉下來。

用筷子喝湯、用湯匙吃飯

筷子的用法是在歷史中不斷變化的。筷子自古就有，用餐時經常與湯匙一起使用。但如第一章所敘述的，春秋時代還沒有用筷子吃飯的習慣。

即使到了**唐代，用餐時「箸」與「匙」的使用比例還是各占一半。比較特別的是，當時的人吃飯不用筷子而是湯匙**。《唐摭言》卷十五〈閩中進士〉中記錄了下面的故事。東宮的官吏薛令之因未得到重用，就將內心不滿的情緒寫進詩裡：

朝旭上團團，
照見先生盤。
盤中何所有？
苜蓿長闌干。
飯澀匙難綰，
羹稀筋易寬。

詩的大意為，早上升起的太陽又大又圓，陽光照到了餐桌的盤子上。盤裡有什麼呢？只有長得猶如欄杆那麼長的苜蓿；飯很硬，連湯匙都挖不動，湯裡幾乎看不到配料，用筷子一撈，果然也沒有。看到這首詩，唐玄宗非常生氣，就以「不想當官的話就別幹了」的意思寫了一首詩[1]。讀了唐玄宗的詩後，薛令之害怕了，於是就稱病辭官歸鄉了。

看到這首詩的最後兩句，可知當時吃飯是用湯匙，而夾起湯中的菜則是用筷子。這是發生在開元年間（西元七一三年至西元七四一年）的事。

另一方面，隨著料理種類變多，不用筷子就夾不起來的食物增加了。唐代馮贄所撰的《雲仙雜記》卷五中有這樣的記載：「王縉飲酒，非鴨肝豬肚，箸輒不舉。」（王縉這個人喜歡以鴨肝、豬肚為食材的料理，喝酒時沒有這兩樣菜就不動筷子。）可見當時是用筷子夾菜。實際上，唐代的酒席有時不會放湯匙，只放筷子。

麵從片狀變成條狀，筷子成為吃飯主角

現代中國人吃東西基本上都用筷子，吃飯吃菜都用筷子。在日本，吃炒飯、咖哩飯都用湯匙；但在中國，連吃炒飯也是用筷子。除了吃餛飩和喝湯，一般不太用湯匙。這與用湯匙來吃飯的唐朝人有很大的不同。而在朝鮮半島，直到現在還在用湯匙來吃飯，這也許也是受到中國古代飲食習慣的影響。

然而，用筷子來吃飯的習慣是何時開始的呢？

《東京夢華錄》的〈食店〉章節中，詳細記錄了宋代餐廳的外觀、菜餚及客人點菜的方法。其中有一段很有意思的紀錄：「每店各有廳院東西廊，稱呼坐次。客坐，則一人執筯

1 薛令之的詩最後兩句為：「何以謀朝夕，何由保歲寒。」唐玄宗的詩為：「啄木嘴距長，鳳皇羽毛短，若嫌松桂寒，任逐桑榆暖。」

紙，遍問坐客。」（每家店各自有廳堂及庭院、東西廊，以招呼並安排客人的座位。待客人落坐，則有一人手拿筷子、紙花，一一詢問客人所需。）

上面引用的「紙」也稱為「紙花」，是擦拭筷子用的。有意思的是，**宋代的餐廳給客人提供筷子，但不提供湯匙**。

上文引用的同一章中，在介紹「麵」的部分，有一段提到：「麵與肉相停，謂之合羹。又有單羹，乃半固也。舊只用匙，今皆用筯矣。」（麵與肉對半的稱為「合羹」。還有一種叫做「單羹」，只放麵或肉其中一種。以前的人都用湯匙吃，現在則使用筷子了。）

「麵」這個詞的意思，過去與現在基本相同。過去吃麵也用湯匙，由此可知，一開始不論在餐廳或一般人家裡，連吃麵都用湯匙。

就你我自己的習慣可知，用筷子吃麵要比用湯勺方便多了。但為何到了宋代，才開始普遍使用筷子呢？其原因也許與麵的外形變化有關。在漢代左右，把煮熟的麵製品稱為「湯餅」，湯餅的外形是像麵疙瘩一樣，其後又出現了薄片形的，有點像現在的麵片湯。但到了宋代，這一點發生了變化。隨著時間推移，麵食的形狀開始變化，出現團狀、厚片狀、薄片狀、條狀等。後來因應調理方式的改變，麵以製成條狀為主，食具也隨之由湯匙改成筷子。

麵是以小麥粉為原料的食品，一般人對它的印象是北方人的主食。但是宋代時期麵的地位與我們想的不太一樣。根據《夢粱錄》卷十六〈麵食店〉的記載，北宋時在首都汴京，南方人開了許多叫做南食、麵店、川飯、分茶等的南方料理店。其中「麵店」就是麵館，**麵食反而成為南方人的特色飲食**。而麵從片狀變成條狀，很有可能就是在這個時期開始的，因南方條狀的麵傳回北方，後來麵就漸漸統一成條狀了。

這個推測不是沒有根據。我們都知道**南方盛產稻米，米碾成粉可做成「米線」**（也有地方稱為米粉或河粉），一般做得比較細。**這種製作方法應用到製麵上**，因而製作出又細又長的麵來。隨著細長的麵北上，筷子也逐漸成為餐桌上不可或缺的餐具。根據以上的歷史資料可以推測，和現在比較相近的麵應該是在宋代成形的。

但是，新的考古研究又出現令人困惑的新發現。二〇〇五年十月，大陸各大報紙發布了一則新聞，報導考古團隊發現了四千年前的麵。麵的直徑約三公釐，長度約五十公分。從照片上來看，和現代的麵幾乎沒有差別。那麼是否可就此斷言，中國人吃麵的歷史長達四千年？我個人對這個結論保持懷疑的態度。這麼說是有根據的，首先，到宋朝為止的三千年歷史裡，沒有任何歷史記載可以證明，中國各地都有吃麵的文化。就以唐朝來看，唐代留下那麼多首詩，居然沒有一首詩提到過麵。第二，有一些研究學者指出，在中、西亞等會把小麥磨成麵粉食用的地區，總可以挖掘到一系列從簡單到複雜的石磨；從中可以看到石磨的進化。但如第二章所述，在中國出土的都是已經高度發達的石磨，這說明石磨不是在本土發展起來的，而是從國外引進的。沒有石磨，當然不可能把小麥磨成粉，再製成麵食。

因此我認為四千年前，一部分地區可能有過麵類的食品，但不知道什麼原因後來失傳了。現在的麵則起源於不同的文化淵源。當然，這只是一種假說，要搞清楚真相，還有待進今後一步的研究。

用筷子吃飯，十六世紀才開始

用匙吃飯的習慣，到了宋代依然留存著。據明代田汝成的《西湖志餘》中的記載，宋高宗（西元一一二七年至西元一一六二年在位）十分節儉，用餐時要準備好兩套匙和筷子。端出來的料理，用另外的筷子取出能吃下的量；飯也用另外的匙盛上一人的分量。這裡可知當時宮廷中吃飯還是用匙的。

時代向後推移，到與南宋相隔約四百年的**明嘉靖三十五年**（西元一五五六年），**葡萄牙傳教士克魯斯訪問中國**。他在中國停留期間，對筷子的使用方法做了詳細的觀察，之後記錄在他的見聞錄中，留下很有意思的紀錄：「盤子依次疊放起來，因為是精心的疊放，坐在餐桌旁的人不用把它抽出來，就能吃到想要的東西。近旁有兩根華美鍍金的短棍（箸），將它夾在指與指之間來用餐。因而餐桌上所有的食物，都不會被手弄髒。**他們就用這兩根短棍吃一碗飯，神奇的是不會落下一粒米。**」

克魯斯所見到的是廣東省的風俗。西元一五七五年左右，西班牙傳教士馬丁・德・雷達（Martin de Rada）訪問了中國福建。他在之後編撰的報告書《大明的中國概況》中記載：「（中國人）進餐時，沒有麵包，先吃肉，而代替麵包的是三、四碗米飯，這也是用兩根棍子來吃的。」這裡的「棍子」就是筷子。

不只是在南方，利瑪竇於西元一五八二年在澳門登陸，經湖南省韶州、江西省南昌、南京到達北京。他在西元一六一〇年於北京去世，生前遍訪中國各地。在他的《中國基督教傳教史》中，記錄了中國人用筷子吃飯的情況。可以推斷十六世紀中國人已習慣用筷子吃飯。

從宋高宗時代到克魯斯訪問中國的一千五百五十六年間，有四百多年的時間。在這期間，用匙吃飯的習慣變成了用筷子吃飯。不能確定具體是什麼時候發生的變化，當然風俗的變化也不會是在一夜之間發生的。假定四百年的中間點作為轉換點，大概就是在元代後期到明代前期的那一段時間。

這也許與**明王朝成立，特別是明朝將都城遷至北京有關**。

在元代，北方和南方的飲食習慣有巨大的差別。與南方人用餐時主要用筷子相反，北方的中國人主要用湯匙。《析津志輯佚》的〈風俗〉篇中有這樣的記載：「人家多用木匙，少使筯，仍以大烏盆木杓就地分坐而共食之。」（〔北方〕人用木質的湯匙，幾乎不用筷子。用大盤子和木湯匙，坐在地上一起用餐。）這段話正好說明，北方民族將自身的飲食文化，帶入中原地區的情況。

明代是南方人掌握權力的王朝。最初定都南京，不久遷都北京。與宮廷、文武百官一起，很多南方人遷居北方。他們不僅將南方的食材，而且也將南方的飲食習慣和餐桌禮儀，帶到北方。也是在此時，用筷子吃飯的風俗，就此在中國普及開來。

02 元朝讓道地中式料理飄出異國香味

關於元代的飲食習慣與食物的烹調方式，可從馬可・波羅的《東方見聞錄》中窺探到一部分，其中寫到關於蒙古天可汗主辦的饗宴：「可汗的餐桌比一般人的餐桌要高許多。坐北朝南。可汗的近旁左側是第一皇后的座席。右側低一個臺階，入席者的頭與可汗的腳平行的層次，列坐著皇子、皇孫、皇族諸王。（中略）以下，重臣們再低一個臺階列坐。（中略）但參加饗宴的人，不是全都這樣坐在餐桌前。大部分的武臣和高官，都坐在大廳裡絨毯上用餐，沒有指定的餐桌。這樣的餐桌的擺列方式，可汗能坐在席位上遍觀全部出席者。出席者的人數眾多，大廳之外，還有四萬多人共同用餐。」

此外還提到，宴會上端出的飲料，除了盛在黃金容器中的酒之外，還有「馬奶、駱駝奶等特製的飲料」（出處同前）。據元代陶宗儀《輟耕錄》卷二十一〈喝盞〉的記載，宮廷饗宴的飲酒儀式，是沿襲了金王朝的規範。

然而，關於宴會中的靈魂——宴席菜，馬可．波羅在書中這樣描述：「饗宴中的菜餚，其種類之豐富令人難以置信，關於這些的說明，這裡就忍痛割愛了。」反而完全沒有涉及。

元王朝的宮廷裡有位叫忽思慧的飲膳太醫。飲膳太醫用現代的說法，就是皇帝的營養師兼私人醫生。忽思慧在天曆三年（西元一三三〇年）向元文宗獻上了《飲膳正要》這本養生書。其中記錄了大量的宮廷料理，特別是〈聚珍異饌〉這一章，列舉了九十五種料理，都是為滋補強壯目的而想出來的菜譜，即藥膳料理。雖然稱為〈聚珍異饌〉，與極盡奢華的唐、宋宮廷料理相比，還是要來得質樸的多。元的可汗並沒有每天享用超出常規的美食三昧。

說到「料理」，前面提到的九十五種料理中，包含了麵類、饅頭類（鹿肪饅頭，茄子饅頭，剪花饅頭等）與燒餅（黑子兒燒餅，牛妳（音同「奶」）子燒餅等）和粥類。從料理方式來分，可分為湯類、炒菜、蒸菜、烤食物、涼拌菜等。可能因當時的主食是麵粉食品，所以湯菜很多。豪華的主菜大都是湯類。這種湯類料理又可分為湯、粉（放入粉絲的湯）、羹（勾芡後的湯，或放入餛飩的湯）等。但因分類的基準不甚嚴密，取名為「湯」、「羹」的菜不一定就是我們現在所說的湯。

從馬可．波羅的著作中，可以大略了解可汗喜歡的料理。其中在各類料理中，大多會加入羊肉，以肉熬製的高湯多半也以羊肉為主。只有鹿頭湯、熊掌湯等以其他肉類為主的料理完全不用羊肉，再加上饅頭、燒餅等主食，僅十七道菜沒有用到羊肉，在九十五種料理中，只占不到一八％。

充滿異國風情的中原料理

元代除了蒙古人外，其他少數民族被稱為「色目人」，他們移居到中原地區。在元代，王朝統治下的臣民依地位由高到低排列為蒙古人、色目人、漢人、南人共四等。所謂色目人主要包含土耳其、伊朗、阿拉伯等西方民族，他們隸屬統治階級，主要掌管財政和物流。隨著這些少數民族南下，各民族的特色料理也傳入了中原，使得中式料理的種類及烹調方式更多樣化了。

在《居家必用事類全集》的〈飲食類〉中收錄了元代的許多料理，也詳細記錄了烹調方法。其中，「煮、蒸、烤、炒、醃漬」等現代存在的料理方法大致都能看到。另外，也記錄了像「膾」這樣的、現在已不使用的調理方法。另一方面，同樣是「炒」，現代在其油量、油溫、炒的時間、是否需要前置作業（生炒，或是煮一下再炒）都分得很細，但元代的炒菜還沒有到如此精緻的地步。

最主要的是，元代的炒菜還不是主要烹調方法。《居家必用事類全集》中「炒」這個詞只出現了幾次，與現代的炒菜方法相同的更僅有一、兩例，**蔬菜的料理仍然是以涼拌和醃漬**為主。

此外，在《飲膳正要》中介紹了許多**蒙古料理**，或帶有蒙古風味、用中原地區的烹調法製成的料理。後來於《居家必用事類全集》的〈飲食類〉中，更提到**回回食品**和**女真食品**。

「回回」是元代的少數民族，古時稱為「回紇」。唐代時，回紇王將民族的名字改為「回鶻」。進入元代，回鶻逐漸伊斯蘭化，現居住在新疆的維吾爾族和回族，被認為是他們的子孫。

然而，《居家必用事類全集》中出現的「回回」，可能還有另一個意思，也許是指包括「回鶻」以外的民族，也就是泛指在中國西部居住的伊斯蘭系民族。

「回回食品」共有十二種，漢語能夠理解的只有四種，其他的是用漢字音譯直接標注。除去「哈裡撒」（肉醬）、「河西肺」（羊肺果仁）這兩種外，其他的十種全都是點心類。

而在「女真食品」中，則介紹女真族的民族料理，其中肉類料理有三種、蔬菜料理一種、糕點類兩種，記錄的料理共有六種。食材有葵、羊、家鴨、山雞等，並沒有珍奇的材料。會作為外來料理被記錄下來，主要是因為煮法較奇特之故。

「女真食品」中有一道叫做「塔不剌鴨子」的料理，意思是煮醬鴨。煮食料理以前也出現過，為什麼特意作為風味料理介紹呢？原因是用了醬（味噌），且要一直煮到醬汁收乾。中國的醬與日本的「赤味噌」顏色一樣濃重。這種料理中使用的榆樹醬，也許本身就是紅棕色的。去除醬的水分，烹調好後的鴨子近似烤鴨。現在，中國家庭裡經常做的「醬鴨」，也是用同樣的方法烹調。只是，現在不用醬，而是用醬油了。在《居家必用事類全集》中，除了家鴨外，鵝和雞也都可以用相同的方法來料理，這一點到現在都沒有變。

03 包豬肉的春捲，源自於伊斯蘭文化

現在的春捲已是國際性的食物，不僅東南亞有，在歐美也有很多人知道「spring roll」。那麼，春捲在中國到底是什麼時候出現的呢？

《夢粱錄》卷十六〈葷素從食店〉中提到「市食點心……薄皮春璽（音同「簡」）、生餡饅頭」，這裡提到的「春璽」，應該就是類似春捲的食物，但這本書裡，對春捲的做法、外形等一點也沒有提到，所以貿然說「春璽」就是春捲，這種說法缺乏科學證據。在另一本古籍《武林舊事》卷六〈市食〉中也出現了「春璽」，但歸入了「蒸作從食」一類，也就說，「春璽」是蒸出來的點心，而不是油炸食品，和現代人認識的春捲不太一樣。

事實上，**清朝的烹飪指南**《食憲鴻秘》、《隨園食單》、《醒園錄》、《調鼎集》等書中，**都沒有提到名為「春捲」的食物，甚至二十世紀初發行的食譜，裡面也沒有「春捲」**一詞，由此可知春捲這樣的名稱在中國最多也只有百年的歷史。

不過，過去倒是有製作方式類似春捲的食物，比如《調鼎集》中，介紹了「肉餡卷酥」和「肉餡煎餅」。前者是把肉剁成碎末和竹筍攪拌做成餡，用拌油的麵粉做成皮裹成卷後，放在油鍋裡炸；後者是把肉和蔥切細炒過，用麵粉做的皮裹成細長的卷，再放進油鍋裡炸。這兩道料理製作方法都類似於春捲，尤其是後者的製作方法和形狀，與現在的春捲沒有太大的差別。

但無論是「肉餡卷酥」還是「肉餡煎餅」，皮的製作方法和現在的春捲完全不同。現在的春捲皮是用除去麵粉中的澱粉的高筋粉製作。過去沒有高筋粉時，先將和好的麵團放在布袋裡，釣在井水裡一夜。其目的是洗掉一些澱粉，好讓麵團有筋。再做成直徑十公分左右的麵筋團，接著於火爐上放置圓形的大鐵板加熱，將麵筋團放在鐵板上，輕輕的下壓延展開來，一張春捲皮就完成了。但在《調鼎集》中，皮都是以含有澱粉的麵團做成的。

春捲皮的做法類似麵筋的製作方法，只不過做麵筋時去掉的澱粉較多，而做春捲皮時不需要去掉那麼多的澱粉，只要麵團有筋力就可以了。如果知道麵筋的製作方法，照理說就會做春捲皮。話說回來，難道清朝人還不知道怎麼做麵筋？其實，先揉捏麵粉，再用水洗去其中的澱粉、**做成麵筋的方法，早在宋代的紀錄中就能看到**。比如，沈括的《夢溪筆談》的〈辯證一〉中就提到，「如麵中有筋，濯盡柔麵，則麵筋乃見。」

不只是《調鼎集》，清朝其他的料理書中，也沒有看到用類似做麵筋的方法，來做春捲的紀錄。也就是說現代的春捲皮的製作方法，是清代之後。雖然皮不同，不過從料理方式與外形來看，「肉餡卷酥」和「肉餡煎餅」的確就是春捲的原型。

更像春捲的「捲煎餅」

肉餡卷酥、肉餡煎餅這樣的食品，並非到了清朝才出現。揉捏麵粉做成皮，將肉和蔬菜包在裡面後再油炸的食物，還可以追溯到更早的年代。

實際上，在元代就出現了像春捲那樣的食物，還留有詳細的製作方法。在《居家必用事類全集》的〈飲食類〉中，就記錄了稱為「捲煎餅」的製作方法：「攤薄煎餅。以胡桃仁、松仁、桃仁、榛仁、嫩蓮肉、乾柿、熟藕、銀杏、熟栗、芭欖仁，以上除栗黃片切，外皆細切，用蜜、糖霜和，加碎羊肉、薑末、鹽、蔥調和作餡，捲入煎餅，油煠（音同「葉」）焦。」

以上敘述沒有詳細涉及餅皮的製作方式，只提到「攤薄煎餅」而已。但捲好後煎炸的方法，與現在幾乎沒有差別。至少春捲皮的由來，可以追溯至元朝。

但「捲煎餅」的餡所用的材料，與現在的春捲完全不同。較類似點心，內餡以甜食為主，加入許多堅果、果乾之類的食物，但在調味料上會加入蜂蜜、砂糖、鹽，無法斷言其吃起來是甜是鹹？也許吃起來即既有鹹味又有甜味。從材料的性質來考慮，甜味可能更重。書中記載的捲煎餅，是用皮把餡包起來的，從這種製作方法來推測，這種食物的形狀應該是細長型。從外形和油炸這兩點來看，與現在的春捲相似度高達九成。

春捲外型來自伊斯蘭，但豬肉悄悄回來了

有趣的是在《居家必用事類全集》中，「捲煎餅」其實被收錄在，記載異民族的食物「回回食品」一欄裡。即春捲的原型，極可能來自伊斯蘭文化的食物。也可能是因為當時這種食物都是伊斯蘭民族在食用，才被歸類為回回食品。

不過，像春捲的食物不只一種。同樣在《居家必用事類全集》中，有一道被稱為「七寶捲煎餅」的食品，其製作方法如下：「**白麵二斤半，冷水和成硬劑，旋旋添水調作糊。銚盤**（平底鍋那樣的炊具（銚，音同「調」））**上用油攤薄煎餅**。包餡子如卷餅樣。再煎供（再用油煎一下，即可食用）。其內餡用羊肉燥、蘑菇、熟蝦肉、松仁、胡桃仁、白糖粉、姜

米，入炒蔥、乾薑粉、鹽、醋各少許，調和滋味得所用。」

製作方法和餡料與「捲煎餅」大致相同，其**餅皮的做法，甚至和現代很相近**。但為何「七寶捲煎餅」不列入「回回食品」，也不列入「女真食品」呢？其原因也許在於，與「捲煎餅」的「煠」即炸相對應，「七寶捲煎餅」是用「煎」，即以少量的油使食物外皮呈金黃焦脆狀。兩者最大的不同在於，油炸食物要求包裹的餡料不能漏出來，而煎時即便餅的兩端沒有完全閉合也

圖表 6-8　牛肉捲餅即是用捲餅包著餡料的中式經典料理之一

▲ 中國各地現在都吃得到用餅皮將食材包裹其中的食物，如牛肉捲餅。（圖片來源：維基百科。）

沒關係，因此，兩者的外形就不一樣了。事實上，用薄餅包裹餡料食用的細長食品，在現代中國各地都吃得到，如牛肉捲餅（見圖6-8）、北京烤鴨等。

這樣推測正確性相當高。舉例來說，中國過去也有像天婦羅那樣的油炸蔬食。但西元一九八〇年代，日本的天婦羅進入中國時，大家都認為那是日本的料理。雖然天婦羅的製作方法，與中國歷來的炸物只有一點差別，但以炸的方法、風味和口感的微妙差異為判斷基準，人們自然將其當作外來食物了。這與元代人將「捲煎餅」視為外來食品的道理相同。

「捲煎餅」後來在中國流傳甚廣，到了**明代，高濂所著的《遵生八箋》**的〈飲饌服食箋〉篇中，介紹了「捲煎餅」的製作方法：「餅與薄餅同。餡用豬肉二斤，脂一斤，或雞肉亦可。大既如饅頭餡。須多用蔥白，或筍乾之類。裝在餅內，捲作一條，兩頭以麵糊黏住。浮油煎，令紅焦色，或只熯（音同「漢」）熟，五辣醋供，素餡同法。」（餅的做法與薄餅相同。**用豬肉兩斤做餡，加入豬油一斤，或用雞肉也可以**。內餡大致做成如包子的餡那麼大，可以多加一點蔥白或筍乾類材料。然後把餡包進餅裡捲成長條，兩頭塗上麵糊封好。再用油煎或烘烤至金黃色後，用五辣醋做佐料。素的餡料也是同樣的做法。）除去餡料**用豬肉來代替羊肉**這一點，加工法與「捲煎餅」大致相同。因此可說，《遵生八箋》中的「捲煎餅」是春捲的原型，而其根源可以追溯到元代的伊斯蘭文化美食。

第七章

康熙恨海鮮卻造福海鮮，辣椒？清末才入菜

01 魚翅、海參、鮑魚，康熙打敗鄭經的斬獲

僅品嘗過一次由魚翅熬的羹，就會感到很大的滿足。可惜的是，只喝了點魚翅羹，根本不算是吃過魚翅。要真正知曉魚翅的美味，一定要吃紅燒大排翅。雖然這道菜的價格確實有點高，但中華料理的精華，可都凝聚在這道菜餚中，是值得花光所有身家也要嘗上一口的美味。若以紅燒大排翅與魚翅羹相比，魚翅羹不過是騙小孩子的料理。

魚翅是從鯊魚的背鰭或尾鰭中取出的食材，形狀呈新月或半月狀。最大片的魚翅也就八、九公分，一般的只有五、六公分。紅燒大排翅就是僅用這部分做成的珍饈。除此之外，都是筋筋絲絲的剩餘部分，也就是用來做魚翅羹的素材。雖然也是魚翅，但魚翅羹就像是為了不浪費食物而煮成的菜餚。

由此可知，中國餐廳裡的魚翅羹成本其實相當低，可說中國餐廳賣的魚翅羹，徒有高級料理之名而無其實。儘管如此，還是有不少客人在不知情的情況下，將其當作珍奇的料理來

品嘗。

回頭來看，魚翅這個食材，它是魚鰭的軟骨部分，本來沒有任何味道。為何會被當作稀珍的美食，成為富貴之人的象徵呢？當然有物以稀為貴的理由，然而原因不僅如此。

品嘗一道好菜有各種角度。如外觀的豪華、造型的精美等，最為重要的還是味道鮮美，許多老饕更追求誘人的香味和極佳的舌尖觸感，紅燒大排翅就包含了這兩個特色。其一是獨特的舌尖觸覺。像明膠那樣的華潤柔軟，與蒸煮透後還留存下來、充滿彈性的軟骨搭配成絕妙組合，再再挑戰食客的味蕾。

其二是魚翅的濃郁美味。在烹調紅燒大排翅時，絕對不能少了鮮美而濃郁的湯汁。一般是用煮透的雞、鴨或火腿湯來熬湯。煮至黏稠狀的湯再勾芡，湯汁中的精華全被包裹在軟骨周圍，滲入線絲狀的魚翅當中。並自動瀝掉多餘的油，令人能品嘗湯的鮮甜，卻不感到油膩，這就是美味的祕訣。紅燒大排翅不是靠食材的自然風味，而是靠人工合成的風味而取勝的料理。

然而，魚翅料理是何時被「發現」或「發明」的？翻閱史書，沒有秦始皇、或唐宋皇帝乃至元代可汗食用魚翅的紀錄。馬可．波羅的遊記裡也沒有相關紀錄。方濟各會傳教士鄂多理克（Oderico），在西元一三一四年赴東方傳教，途經各地後，於西元一三二五年抵達北京。他到過福州、南京、杭州、揚州等大城市，曾記錄下廣州吃蛇肉的風俗，說豐盛的宴會上必有蛇肉。也提到揚州的宴請習慣，但沒有論及魚翅。證據何止於此？依據我的考證，食用魚翅的歷史最多不過四百年。而且，最初只局限於沿海地區。

魚翅料理真正在全國推廣開來，被推崇為珍奇之味，大概是在清代中葉。也就是說，被視為高級料理並揚名國際，只不過約三百年的時間。

關於魚翅的記載，可以追溯到明代李時珍的《本草綱目》。其中〈無鱗魚類（鮫）魚〉的章節說到：「古曰鮫，今曰沙，是一類而有數種也，東南近海諸郡皆有之。形並似魚，青目赤頰，背上有鬣，腹下有翅，味並肥美。南人珍之。」的記載。《本草綱目》是在萬曆二十四年（西元一五九六年）出版的，可知十六世紀末魚翅已被人們所食用。

而李時珍的《本草綱目》中「南人珍之」一詞顯示，也許當時別的地方並不吃魚翅。最初由於烹調的方法不同，其味道也許各不一樣。沒有獨特的加工、烹調方法，魚翅是沒什麼好吃的。作為明代魚翅未推廣開來的根據之一，萬曆年間居住於杭州的高濂所撰寫的《遵生八箋》中介紹了許多料理及其烹調的方法，而關於魚翅則一句也未提及。

明朝皇帝也不知道什麼是魚翅

關於明太祖朱元璋喜歡的料理，尚無足夠的歷史資料窺視其全貌。於萬曆二十九年（西元一六〇一年）進入宮中任職的宦官劉若愚，在《酌中志》中寫道：「先帝最喜用炙蛤蜊、炒鮮蝦、田雞腿及筍雞脯，又海參、鰒魚、鯊魚筋、肥雞、豬蹄筋共燴一處，恒喜用焉。」這段是有關明代宮中御膳相當重要證據。他所介紹的是穆宗之後的宮廷見聞。但文中未明確「鯊魚筋」是什麼。據《本草綱目》，「鯊魚」在明代是指鰕虎魚科的河魚，不是現代漢語中的意思。「鯊魚筋」也許是指那種魚的魚鰾。總之不會是魚翅。烹調方法也與後來的魚翅料理法很不同。

針對宮中其他的名菜，劉若愚還舉出「燒鵝、雞、鴨」、「冷片羊尾」，「糟醃豬蹄尾耳舌」等，約二十至三十種，然而其中並沒有魚翅。另外，在宴會料理中，還寫到兔肉、長城之外的貂等，這部分也沒有提到魚翅，可知當時魚翅料理還未傳至北京。

明朝的皇帝是南方人。如果當時長江下游有魚翅料理的話，肯定會帶進宮中的。因此可以推論，不僅北京，江南一帶當時也還沒有魚翅料理。

而於明代訪問中國的傳教士的見聞錄，則可用以佐證這段史料。如利瑪竇所著的《中國基督教布教史》中，描繪了明代宴會的場景，他提到：「我們吃的東西，中國人大致也都吃。但中國人把菜烹調得更好吃。他們評價一場宴會的好壞，不是菜餚的內容，而是菜餚的種類多寡。」

另外，西元一五五六年前後訪問中國廣州的傳教士克魯斯也提到：「鵝、雞、鴨等食物，有的烤、有的煮。其他的還有許多肉和烹調好的魚。我曾經看到店門前吊著已烤熟、整隻的豬。」克魯斯甚至還詳細記錄了烹調青蛙的場面，但他的紀錄裡也未提到魚翅。

十七世紀的湯煮排翅

明末清初有一本名為《正字通》的詞典。其中有關於魚翅的記載：「海鯊，青目赤頰，背上有鬣，腹下有翅，味肥美。」這段內容與《本草綱目》所提到的論述基本上一致。相關辭彙在詞典類的圖書中出現，可能意味著之前就已為人們所知了。

《正字通》最早的版本是康熙二十四年（西元一六八五年）的刻本。關於其作者有兩種說法。一是清代的廖文英之作。另一說稱是明末張自烈所撰，清代的廖文英購得其稿本，作序言冠於卷首，當作自己的著述出版了。總之，此詞典刊行於十七世紀是不會有誤的。

事實上，到了十七世紀，料理書中也出現了魚翅。西元一六二九年出生、一七〇九年去世的朱彝尊在**《食憲鴻秘》中，首次詳細介紹了魚翅的烹調方法：**「治淨，煮。切不可單拆絲，須帶肉為妙，亦不可太小。和頭雞鴨隨用。湯宜清不宜濃，宜酒漿不宜醬油。」（洗淨、煮透後切。需要帶肉為好，不可弄成絲狀、零零碎碎的，也不可切得太小。需要時和雞、鴨同時使用。（煮湯時）以清澈為好，不可過分油膩；調味用酒為好，不宜用醬油。）

除了不用醬油這一點，與現代的烹調法十分相似。但現在是乾貨泡開後烹調的，不帶魚肉。清代初年，魚翅是與帶魚肉的部分一起烹調、食用，所以使用的材料可能都得是新鮮的。朱彝尊出生於長江下游，為編撰明史而移居北京。不過，書中未記述魚翅是哪個地區的料理。

美食家的袁枚（西元一七一六年至西元一七九二年）當然知道魚翅的味道。《隨園食單》中提到：「魚翅難爛，須煮兩日才能摧剛為柔。」並介紹了兩種魚翅的烹調方法。其一如下所示：「用好火腿、好雞湯，加鮮筍、冰糖錢許煨爛。」（用上好的火腿、上好的雞湯，加上鮮筍和一錢多（約三．七克）的冰糖一起煨爛。）

這是把魚翅拿來煮湯的方法。從「魚翅難爛」這句話中可推知，這道菜很可能用的是魚翅的乾貨。袁枚是比朱彝尊晚約一個世紀的人，因而可推知到了十八世紀，與現在一樣，魚翅使用的是乾貨。新鮮的魚翅，只有在沿海地帶才能吃到，如日本宮城縣氣仙沼市是魚翅產地，當地就有新鮮食用的例子。而乾貨則保存時間長。在交通還不發達的時代，沒有乾貨，魚翅要推廣到其他地區，也許還要花更長的時間。

不只是湯煮排翅，在《隨園食單》中，也介紹了魚翅羹的製作方法。

「純用雞湯串細蘿蔔絲，拆碎鱗翅，攙和其中，漂浮碗面，令食者不能識其為蘿蔔絲、為魚翅……用火腿者，湯宜少；用蘿蔔絲者，湯宜多。總以融洽柔膩為佳……蘿蔔絲須出水二次，其臭才去。」（切細的蘿蔔絲串入雞湯裡，把鱗翅拆碎，摻到湯中。（做好以後，細魚翅和蘿蔔絲都）漂浮在湯的表面，**使吃的人分不清吃的是魚翅還是蘿蔔絲**……用火腿煨魚翅，湯應該少一些；用蘿蔔絲串入的做法，湯應當多一些。不管如何，都是以融洽柔膩為最好……切細的蘿蔔絲必須出水兩次，才能去除其味道。）

魚翅羹則是用湯煮排翅剩下的絲線狀部分，這一點是朱彝尊《食憲鴻秘》中，不曾提及的一種發明。不清楚這種吃法於何時出現，但可以肯定，魚翅羹是在湯煮排翅之後才出現的新料理。從添加蘿蔔絲一事可知，當時的魚翅可能價格較為昂貴，所以要用蘿蔔絲來充數。

魚翅料理的進化

正因為魚翅是新出現的料理，其烹調方法的進步非常迅速。比袁枚晚將近六十年出生的梁章鉅，在其撰寫的《浪跡叢談》一書中，這樣批評袁枚的說法：「惟隨園謂魚翅須用雞湯攙和蘿蔔絲飄浮碗面，使食者不能辨其為蘿蔔絲為魚翅，此似是欺人語，不必從也。隨園又謂某家做魚翅，單用下刺，不用上半厚根，則亦是前數十年前舊話。」（《隨園食單》的「魚翅羹要加雞湯和切細的蘿蔔絲，使之漂浮於湯的表面，令食者不能辨」的話有點在騙人，不可相信。《隨園食單》又說「某家做魚翅時，只用魚翅的尖頭部分，而不用根部」，這也是幾十年前的舊話了。）

梁章鉅說袁枚在騙人，其實這是反映了料理方法的變化。推想袁枚品嘗過《隨園食單》中介紹的魚翅羹。但半世紀後，這已變成了過去的飲食方法。隨著料理方法的不斷改進，同一種料理，與以前相比，可能也變得味道很不同了。

李化楠的《醒園錄》中介紹了湯煮排翅的調理法：「把整個魚翅用水泡軟，下鍋煮至手可撕開就好，不可太爛。取起，冷水泡之，撕去骨頭及沙皮，取有條縷整瓣者，不可撕破，鋪排扁內，晒乾收貯磁器內。臨用，酌量碗數，取出用清水泡半日，先煮、洗淨，配煮熟肉絲或雞肉絲更妙。香菰同油、蒜下鍋，連炒數遍，水少許煮至發香，乃用肉湯，才淹肉就好，加醋再煮數滾，粉水[1]少許下去，並蔥白再煮滾下碗。其翅頭之肉及嫩皮加醋、肉湯，煮作菜吃之。」

這已與現在的烹調方法沒有什麼兩樣了。魚翅的乾貨是把切下的背鰭或尾鰭，直接晒乾製成的。它保持著鯊魚背鰭或尾鰭的原樣，料理前先用水泡軟，再把鯊魚皮剝下，才能取出魚翅。上面引用的《醒園錄》前半部分，介紹的就是如何取出魚翅的方法。這裡特別值得注意的是「粉水少許下去」這句話，燒排翅最後勾芡，《醒園錄》是第一次提及，之前袁枚等都是清煮而已。

李化楠與袁枚大致是同時代的人，《醒園錄》是李化楠的兒子、李調元整理後出版的。可能在整理、編撰時作了加工。此外，李調元是西元一七三四年出生的，去世的年月不明，一般可推測是在嘉慶年間（西元一七九六年至西元一八二〇年）。總之，最遲在十八世紀末或十九世紀初，產生了與現在的烹煮方式基本相同的魚翅料理。

揚州富豪有錢也買不到的美味

十八世紀中葉後的半世紀裡，魚翅料理迅速普及開來。梁章鉅在《浪跡叢談》中記錄了其中的一端。這是解明魚翅登上宴會餐桌的重要證據：「近日淮、揚富家觴客，無不用根者，謂之肉翅，揚州人最擅長此品，真有沉浸濃郁之概，可謂天下無雙。似當日隨園無此口福也。」（最近，揚州的有錢人在招待客人時，沒有不用根部的，名為「肉翅」。揚州人最擅長做這道菜，做出來的料理，味道濃郁，回味無窮。可說是天下無雙的極品。作《隨園食單》的袁枚那時似乎沒有品嘗這等美味的口福。）

可見魚翅已成為了豪華料理。有錢人在宴會上用魚翅來招待客人，是因為社會上已承認這種料理是珍奇美味了。而袁枚未有機會品嘗這樣的美味，正顯示了魚翅烹調方法在歷史進程中的變化之劇烈。

之後的料理書中記載了同樣的情況。如乾隆三十年（西元一七六五年）出版的《本草綱目拾遺》中有這樣的記載：「今人可為常嗜之品，凡宴會肴饌，必設此物為珍享。其翅乾者

1 以豆粉加水攪拌而成的芡汁。

成片，有大小，率以三為對，蓋脊翅一，劃水翅二也。煮之折去硬骨，檢取軟刺色如金者，瀹以雞湯，佐饌，味最美。」（魚翅是現在許多人喜愛的珍饈，一是宴會中不可或缺的頂級料理。魚翅的乾貨呈板狀，有大有小，三塊成一組。包括背鰭一塊，腹部滑水的魚翅（胸鰭）兩塊。煮後去除硬骨，取出金色的軟刺備用。用雞湯煮透後料理，味道最為鮮美。）

從**宴會料理中必定會出現**這一點來看，與其說是很少能吃到的料理，不如說是多數人都能品嘗到的菜餚。

《本草綱目拾遺》中只介紹了湯煮排翅，書中未提及魚翅羹。也許體驗過湯煮排翅的美味的人，對袁枚（五十年前）所說的那種小家子氣的吃法，已不屑一顧。

滿人其實不愛海鮮

讀**《紅樓夢》後，有一件事無法理解，那就是通篇沒有一處出現過魚翅料理**。在這樣的長篇小說中，有如此眾多的珍品美味登場，貴族嘗盡的美食都在其中，卻未提及魚翅一句。與此相比較，燕窩卻頻繁出現，不管是菜餚中還是甜品中。這究竟是什麼緣由？

解開這個謎團的關鍵，或許在於滿族人的飲食習慣。根據《清稗類鈔》中的描述，清朝的康熙皇帝厭惡奢侈，一日只吃兩餐。一日，大臣向康熙皇帝報告了乾旱造成飢餓的情況，**康熙怒斥**奏報的大臣：「你們這些漢人，一日三餐，還要喝酒。**朕在草原上作戰時，一天只吃一餐，直到現在我一餐也只吃一道菜。**」實際上康熙皇帝的飲食生活十分樸素，特別討厭海鮮。

到了乾隆皇帝時，宮廷的習俗因漢民族的食文化影響，飲食也逐漸奢侈了起來。根據清王朝的宮廷紀錄，乾隆皇帝的一頓晚餐裡，有兩樣用燕窩做的料理。但乾隆皇帝也討厭海鮮。在遺留至今的菜單中，魚翅、海參、蝦、鮑魚等海產品一概沒有。趙榮光《滿漢全席源流考述》一書旁證「滿漢全席」的稱謂、真偽、源流及演變做了精闢的闡述。其中提到了乾隆皇帝下江南時的菜譜。據《清宮膳檔》中《江南節次膳底檔》記述，乾隆四十五年二月十四日早膳至二月十七日晚膳，在其豐盛的菜單裡沒有出現魚翅。而燕窩倒提到過四次，雞肉、羊肉、豬肉也用得較多。

有趣的是，乾隆皇帝的隨從有可能吃過魚翅料理。李斗《揚州畫舫錄》中記述了地方官府在接待隨從百官時的菜單，其中「第一分頭號五簋碗十件」裡有「魚翅螃蟹羹」以及「燕窩雞絲湯」「海參匯（燴）豬筋」等十道以上的菜。隨從的百官中應該滿人和漢人都有，從這個角度來看，菜單裡有魚翅也是可以理解的。

滿族人原本是在東北內陸地區生活的，幾乎沒有機會接觸海產品。不僅是皇帝，貴族在剛南下的當初，也不喜歡海鮮。《紅樓夢》裡的主角都不吃魚翅，可能也是這個原因。

事實上，**《紅樓夢》中魚類和貝類的名稱出現得很少**。小說中出現了四十多種菜餚的名稱，**海鮮只有蟹一種**。而魚或蝦只在莊園上繳的食材單上出現。其中包括，鱘魚兩條、雜魚兩百斤（約一百二十公斤）、海參五十斤（約三十公斤）、對蝦五十對、蝦乾兩百斤等。這部分包括了雜魚、蝦乾等淡水水產，其中海鮮最少。與此相比較，肉在種類上和數量上，都占了壓倒性多數。

上面的食材單中出現了鱘魚，還有在第二十六回裡，生日禮物送的是鱘魚。也許不能斷言他們從不吃魚翅。但即使有，數量一定也很少，小說裡出現的全部加起來只有三條鱘魚[2]。從《紅樓夢》裡出場的人數來看，很難想像是經常食用的菜餚。至少魚翅，看來也不是他們的菜。

但魚翅還是進入了清朝宮廷中

除了海鮮，乾隆皇帝的飲食習慣與漢族已相當接近。據《清稗類鈔》記載，乾隆皇帝微服視察江南時，對寺院裡端出來的素齋料理非常滿意，大加褒獎：「勝鹿脯、熊掌萬萬矣。」此後清朝宮廷開始流行蘇州、杭州料理，也被認為是乾隆皇帝下江南後，帶回來的「土產」。

宮廷的廚師中有很多都是漢族人，隨著時代的演進，皇帝的喜好也越來越接近漢族人了。清王朝中期以後，在料理上已很難察覺滿漢之間的區別了。光緒皇帝也好，末代皇帝溥儀也好，都吃過魚翅料理。特別是光緒皇帝，非常愛吃魚翅。

清朝末年，高級宴會都以主菜來命名。《清稗類鈔》中舉出了幾種高級宴會名稱，如「燒烤席、燕窩席、魚翅席、海參席」等。最高級的是燒烤席。其中乳豬的整烤是主菜，現則被稱為「滿漢全席」。當然，除了烤整隻乳豬，宴會中當然少不了燕窩和魚翅。

燒烤席之後是燕窩席。是以燕窩為主菜的宴席，專門用來招待貴賓。客人入席後，先上大碗的燕窩料理。如果是用小碗端出來的，就不能稱之謂燕窩席了。宴會上有用燕窩做成的料理，也有加冰糖做成的甜品。

同樣，魚翅席、海參席分別是用魚翅和海參做主菜的酒席。

---

2 此處的「鱘魚」是接近鯊魚的一種魚類，海魚、淡水魚都有。

在漢語中有「魚翅海參」這樣的成語，是美食的登峰造極之意，也是近代才出現的用法。魚翅終於在十九世紀登上了珍奇美食的頂峰。

魚翅從清代中期後，才開始逐漸多見於餐桌是有其緣由的。**中國雖然是魚翅的消費大國，卻不是魚翅的主要產地**。據日本學者松浦章考證，在江戶時代大批海產乾貨，從日本長崎輸出到中國。但由於一系列的歷史原因，在明代和清初，兩國的海產乾貨交易量，仍限制在較小的範圍內。明朝初期，朝廷為了抵禦倭寇制定了「海禁令」，對日貿易受到很大衝擊。其後，為打擊東南沿海的走私及海盜勢力，海禁政策一直持續到了明朝末期。

到了清朝初期，鄭成功以臺灣為根據地，謀圖「反清復明」。為打擊鄭氏政權，防範其和大陸沿海部的聯系，清政府發布了遷界令，自廣東至山東，凡沿海三十里以內的居民，均被強制移居至內陸。

西元一六八三年，**鄭成功的孫子鄭克塽降清後**，清政府撤銷遷界令。西元一六八四年，康熙皇帝頒布「展海令」，允許民間船隻出海，此後兩國貿易額大幅度增加。據日本《唐蠻貨物帳》記載，西元一七〇九年，**從長崎回國的七號船裝有四百七十五・五斤的魚翅，此外還有一千五百七十三・五斤的乾鮑魚，六千一百六十四斤的乾海參**。這僅是一艘船的數量，一年的貿易量可推爾知之。此後，海產乾物的貿易量逐年增長，到了十八世紀中後期，每船裝載的魚翅超過一千斤。進入十九世紀以後，魚翅的進口量仍有增無減。一八六二年，江戶幕府的官船「千歲丸」前來上海時，裝載了一千八百斤魚翅，兩萬四千斤乾海參，三萬六千斤乾鮑魚。

據日本駐天津帝國領事館的報告《清國天津市場海產物景況》記載，當時黑、白兩種魚翅消費占大多數，肉厚者最受歡迎。**臺灣產的白魚翅煮熟後膨脹如雪，味道極佳。無奈價格昂貴**，幾乎無人問津；南洋進口的叫「堆翅」，是煮過後再晒乾的乾貨。但因消費量少，故其價格也不穩定。總之魚翅是在十八世紀中期，從日本的進口量增加後，才在中國普及。

02 「味淡即上品」，但辣椒上場依舊橫掃千軍

近代中國有許多喜歡刺激性辣味的革命家。湖南出生的毛澤東是這樣，四川出生的鄧小平更喜歡辣。與此相對應，國民黨的領導人當中，基本上沒有喜歡吃辣的。廣東出生的孫文不用說，浙江出生的蔣介石、客家出生的李登輝都不喜歡吃辣。

西元一九四九年中華人民共和國成立之前，以江浙財閥為後臺的國民黨統治中國。政治家和企業家大多都喜歡揚州、蘇州、杭州、寧波等地的南方料理。政治中心的南京，工業城市及金融中心的上海都位於長江下游。

南京是古都，靠近揚州和蘇州。這兩座城市，各有著歷史悠久的揚州菜和蘇州菜。而新移民城市的上海，市民中祖籍在江蘇和浙江的人很多。江蘇與浙江的料理中，傳統上基本不用辣椒。事實上西元一九四〇年代初，上海餐廳中，蘇州菜餐廳與無錫菜餐廳占半數以上。並非沒有四川菜餐廳，但味道和現在的四川料理或許相差很大。西元**一九二〇年代訪問中國**

的後藤朝太郎，在《支那料理通》中這樣記載：「即便如四川菜，也帶有蔬菜料理的特色，以蔬菜為主，頗合日本人的口味。」這本書是作者依據在中國的見聞而撰寫的，可見當時的四川料理，並沒有給人帶來辛辣的印象。

辣椒何時傳到中國的？

金子光晴西元一九二八年來到上海，在中國逗留了五年左右。其後撰寫的《骷髏杯》中出現了宴會的場景：「無論是『燕席』（燕窩為主菜的宴席），還是『翅席』（魚翅為主菜的宴席），一桌宴席有二十八道菜，被招待的宴會有兩場，上午的一場十一點在小有天開始，三點半左右結束。沒有休息，直接赴第二場的餐館陶樂春，參加五點開始的宴會。」

五年的長時間逗留，金子光晴把中國的情況摸得一清二楚。如果當時辛辣料理很流行的話，一定不會錯過的。

當然，並不是說當時的中國沒有辛辣料理。《清稗類鈔》中記載了四川、湖南、湖北的人都喜歡吃辛辣料理。但這種料理還停留在家常菜的範圍。

辣椒原本不是中國產的，是明朝末年由海外傳來的。大航海時代，辣椒從原產地墨西

哥、**亞馬遜等地區向世界傳播**，各地區的人們也開始種植辣椒。關於這一點現在已沒有異議了。事實上，萬曆二十四年（西元一五九六年）出版的李時珍的《本草綱目》中，還沒有辣椒的記載。因此，辣椒在中華料理中的使用，不過只有三百多年的歷史。以至於以辛辣作為賣點的四川料理，過去也不用辣椒。

當然，**在辣椒從外國傳來之前，四川人和湖南人就喜歡吃辛辣的食物**。芥子很早就是調味料，元代的賈銘在《飲食須知》中，從養生的觀點介紹了芥子的效用。

辣椒進入中國後，中國人食用芥子的習慣並沒有改變。李漁的《閒情偶寄》中有著這樣的記載：「製辣汁之芥子，陳者絕佳，所謂越老越辣是也。以此拌物，無物不佳。」表明到了清代，芥子仍舊是調味料。正因為原本有這樣的嗜好，所以辣椒能夠很快被中國所接受。

十八世紀的烹調書中仍找不到辣椒

先來看看清初的料理書。明朝末年出生的朱彝尊的《食憲鴻秘》中，出現了「辣湯絲」，是用豬肉、蘑菇、竹筍切細製作的湯。但一查製作方法，並沒有用到辣椒。只是在湯的表面撒了點芥子而已。還有一道叫「辣煮雞」的菜，煮法如下：「熟雞拆細絲，同海參、海蜇煮。臨起，以芥辣沖入。和頭隨用。麻油冷拌亦佳。」（煮透的雞肉撕成絲，與海參、海蜇一起再煮。盛碗之前，放入芥子。涼了以後拌上麻油，口味也很不錯。）「辣煮雞」是現在的「棒棒雞」的原型，雖然味道辛辣，卻並沒有用辣椒。

另一個值得注意的地方是，清代以後，用芥子的菜，在量上並沒有增加。《食憲鴻秘》只記載了一樣菜。當然，這本書並沒有網羅清代中國的所有料理。但從記述下來的料理的種類來看，都是很有代表性的。十七世紀的中國，辣椒尚未在食文化的中心位置出現。

那麼，十八世紀的中國有什麼變化呢？西元一七九八年去世的袁枚（享壽八十二歲），可以說是十八世紀的見證人。但可稱之為飲食百科的**《隨園食單》沒有一處提到辣椒**。袁枚特別用一個章節來介紹調味品和香料，詳細說明其作用與使用方法。種類涉及醬、食用油、料酒、醋、蔥、花椒、生薑、肉桂、砂糖、鹽、大蒜等十多種，但沒有辣椒。還有，煮羊頭、羊肚羹之類的料理使用了胡椒，而辣椒在任何一道菜裡都沒有出現，也沒有看到辣椒作為蔬菜烹調的紀錄。

袁枚出生於杭州附近，曾任江浦、江寧（現在的南京）等地的知事。據《隨園記》裡所述，三十八歲時在陝西決定退休，便居住在坐落於江寧小倉山麓的隨園。這是他大約在三十四歲時購入的別墅，退休後他全心經營隨園，使其成為享譽四方的名園，而袁枚也在那裡度過他的晚年。因為他的生活半徑一直局限在江蘇、浙江一帶，所以他其實不太了解四川料理。

四川人也沒有普遍吃辣

四川人是何時開始普遍吃辣椒的呢？未查到記錄十八世紀四川菜的史料，幸好有**四川出生的人寫的料理書**，就是前面提到的《醒園錄》（於乾隆年間完成）。

然而，翻閱這本料理書，**仍然看不到用辣椒的蹤跡**。根據序言中的記述，此書是作者在江南任職時收集的菜譜的彙編。如果是這樣，自然看不到辣椒。但《醒園錄》又介紹四個芥子菜的烹調、加工方法。如果作者有吃辣椒的習慣，涉略一點芥子與辣椒在風味上的不同，也未嘗不可。然而，並未見到這樣的紀錄。

十八世紀時，四川的老百姓是否已經食用辣椒？至少目前仍無確鑿證據來下結論。不過相對其他地區，四川人似乎更容易接受這種辛辣調味品。即便在當時的四川，辣椒已成了老百姓的日常食材，也不代表士大夫階級已接受的風俗。這絕非毫無根據的想像。明朝**《本草綱目》**果部三十二卷出現了名為「**食茱萸**」的辛辣調味品。據李時珍記載「（民間）自古尚之矣，而今貴人罕用之。」（古人尊崇此物，然今日、上流人士亦用之甚少。）對香料的嗜好不僅有地域的差異，身處同一地區但階層不同，生活習慣也會出現極大的差異。明代如此，清代也可能是這樣。

順帶一提，李時珍描述的食茱萸為「高木長葉黃花，綠子叢簇枝上，味辛而苦。」很明顯，《本草綱目》中所記錄的食茱萸和辣椒完全不同。按照李時珍描述，食茱萸應為落葉小喬木，而辣椒是茄科一年或有限多年生草本植物。兩者完全不一樣。不過，作為辛辣調味品，兩者有相像之處，都有刺激食欲的作用。

十九世紀：辣椒終於出現了

十九世紀，辣椒終於在料理書中出場了西元一八六一年（清咸豐年間）初版的《隨息居飲食譜》中，以「辣茄」的名稱介紹了辣椒。從書中「種類不一，先青後赤」的記述看，可能是一種相當辛辣的辣椒。不過，這種辣椒並未歸入〈蔬食類〉，而是與花椒、胡椒、肉桂等放在一起，歸在〈調和類〉（調味料、佐料一類）中的。很明顯的，當時的人不認為辣椒是蔬菜，而是將其當作調味料使用。但用在什麼樣的料理中，又如何使用？卻沒有任何說明。同一本書中，也沒有一道菜用到辣椒。

須注意的是書中說到「辣茄」時的「人多嗜之，往往致疾」一語。作者王士雄是浙江海寧出生的，也在杭州、上海生活過。這可能表明十九世紀中葉，辣椒在某種程度上，已在長江下游地區的百姓中傳播開來了。但讀書人對這種外來的食物，似乎仍有強烈的偏見。

關於辣椒的名稱，那時有多種說法。《隨息居飲食譜》中舉出了「檓（音同「殺」）、越椒、辣子、辣虎、辣枚子」等辣椒的八個別名，並稱「各處土名不一」；而方言不同，其名稱各不相同的情況，恰好說明當時大眾已普遍能接受「辣的」料理。順便提一句，《本草綱目》中，「檓、越椒、辣子」是「食茱萸」的別名。同一名詞在不同時代的不同資料中，有可能指完全不一樣的東西，這點要特別小心。

前述可知，當時一般人普遍能接受口感辛辣的料理，但宮廷料理也是如此嗎？中國文學研究專家劉若愚的《酌中志》記載，明代每年滇南、五臺山、東海、江南、蘇北、遼東等各地，都向宮廷奉獻各種食材，但未見到辣椒出現。調味料中有芝麻油、甜麵醬、豆豉、醬油、醋等，也沒有辣椒。

書中還記載了農曆正月十五「元宵節」期間，慶祝節日所用的料理，有「麻辣活兔」一菜。但這是一道怎樣的菜，書中並沒有詳細說明。到了清代，《調鼎集》裡也出現了名為「麻辣兔絲」的料理，其製法如下：「切絲雞湯煨，加黃酒、醬油、蔥、薑汁、花椒末，豆粉收湯。」從製作方法可知，這道料理沒有用到辣椒，而是加了花椒，因此菜名有「麻辣」兩字。可推斷與《酌中志》的「麻辣活兔」中，所謂的「麻辣」是同一種味道。至於沒有用兔肉，為何菜名叫「麻辣活兔」，則是個未解之謎。

《酌中志》中舉出了數十種宮廷中的名菜，除了前面提到的「麻辣活兔」外，還有名為「辣湯」的一道菜，是到了十一月，為使身體保暖每天早上要喝的湯。現在，為了祛寒經常也會喝薑湯。而此處所說的「辣湯」，也許是同一種類型的湯品。

由此可知即使到了清代，辣椒仍未進入宮廷。而滿族本來更是連吃芥子的習慣都沒有。《紅樓夢》中，描述用醋做的料理，還有其他各種各樣的調味法，但一次也沒有看到用辣椒入菜的餐點。

辣椒的推廣：從西南到北方

十九世紀以後，辣椒在西南地區的百姓中間逐漸推廣開來了。不只是四川，據《清稗類鈔》記載，湖南、湖北、貴州等地的人都特別喜歡吃辣，特別是湖南、湖北，無論什麼山珍海味放在桌上，沒有芥子和辣椒，就沒有人動筷子。

曾國藩任兩江總督時，有一位下級官僚賄賂為曾國藩做菜的廚師，打聽上司在飲食上的喜好。這位廚師回答道：「該做啥就做啥，不用多想。每樣料理由我過目就行了。」某日，做了燕窩料理，讓廚師過目，廚師拿出個竹筒，胡亂撒上些調味料。問其中緣由，廚師透露了這樣的祕密：「辣椒粉，曾國藩最喜歡的東西。每樣料理，只要撒上這，肯定會被褒獎。」之後那下級官僚同樣行事，果然如廚師所言。曾國藩是湖南人，西元一八七二年六十一歲時去世。可見辣椒在十九世紀，已成為了湖南人餐桌上不可或缺的一味。

但在此之外的地區，辣椒似乎還未被大量使用。西元一八五〇年出生、西元一九一六年去世的清朝官員薛寶辰，在《素食說略》一書中，介紹了清朝末年的素料理。種類達一百七十餘種之多，其中用辣椒料理的不過五種。作者在序言中道明：「故所言作菜之法，不外陝西、京師舊法。」西北部和北方至今不多吃辣，該書中用辣椒的菜少也許是很自然的事。儘管如此，可以確定在十九世紀末前後，食用辣椒的風氣已推廣至北方的黃河流域了。

宴會料理中還沒有辣椒的地位

曾國藩的故事中透露了一個資訊：當時，辣椒不是在烹調過程中使用的，而多是在烹調完成後作為調味料撒上去的。另外，就地區來看，辣椒是以西南地區為中心，向別的地區傳播開來，但那時辣味並未在中國的料理中，占有一席之地。這一點可從當時曾國藩喜好辣椒，其他人都覺得很稀奇這一點得到佐證，因此才會被記錄在《清稗類鈔》中。

西元一八六〇年代移居上海的晚清文人葛元煦，在《滬遊雜記》中提及上海某些高級餐廳的菜單。如「慶興樓」的菜單上有烤鴨、紅燒魚翅、紅燒雜拌、扒海參、蝦子豆腐、溜魚片等料理。根據中國菜的命名法則，用了辣椒的料理，菜名一定會出現「辣」或「辣味」等字。但前面的菜名中，沒有一個用到「辣」字。葛元煦列了六大餐廳共計四十二種菜名，沒有一道用到辣字。

西元一八七七年開始，在中國做了三年實地調查的賽切尼．貝拉伯爵調查隊的見聞錄也證明這一點。賽切尼．貝拉（Széchenyi Béla）是西元一八三七年出生於匈牙利的貴族。其父賽切尼．伊斯特凡（Széchenyi István）是有名的政治家，曾為創建匈牙利科學院、實現農奴解放和健全法律以及建立審判制度等方面，做出了很大的貢獻。迄今匈牙利五千福林紙幣上，仍印着他的頭像。賽切尼也是一位冒險家，他曾於西元一八六三年去北美、西元一八六五年去埃及冒險旅行。西元一八七〇年賽切尼結婚，但兩年後夫人去世。為了揮別喪妻之痛，他組成了一個調查隊去東方旅行。調查隊一行到達肅州（現在的酒泉），獲得總督左宗棠的宴會招待。當時的宴會情況，被其中一名調查隊員記錄下來：「招待大廳的中央擺著沒有鋪桌巾的白木圓形餐桌，（桌上）放著幾盤盛著點心、水果、切成四方形的火腿片碟子。也有盛著雞胸肉的菜餚……烤鴨、魚翅烹調得十分美味。把魚頭煮成醬狀的菜餚，以及表面染黑的鴨蛋（皮蛋）不太合我的口味。相較之下，煮成湯的鴿蛋還算好吃。宴會上最令人難忘的，莫過於極盡奢華的烤全豬。」

上面舉出的菜餚，與我們現在聚餐時吃的東西差不多，但看起來都不辣。有意思的是，左宗棠是湖南出生。本來應該喜歡辣的食物。在招待宴會上，卻沒有端出家鄉菜，也許是因為要招待客人的原因。總之在正式的宴會上，還沒有辣椒的地位。

但在喜歡辣椒的地區，正式的宴會上也會出現辣的料理。賽切尼伯爵訪問四川成都時，也受到了總督的歡迎宴會的招待：「不久，接待方的兩位把我們引導至桌邊，依據禮儀放上飲料和筷子。然後脫下帽子，換成不鑲邊的黑色絲綢圓帽，鬆一鬆腰帶，『炒菜』開始上桌，後來菜餚不斷被端上來。能確定有二十道菜，此後就沒有再計數了，估計有六十道左右。帶上辣味的中國料理，一開始都覺得很好吃，之後就僅在眼前走過而已。烹調得極其美味，我竟然享用了滿滿三碟漂著油的魚翅。」賽切尼伯爵一行人訪問了很多地方，在中國受到多次接待。但只有，於成都受招待時，提到辣味料理。而且，也不過只是「帶上辣味」的程度而已，由此可知在咸豐之前，川菜並沒有辣得不可開交。

廚師的祕笈：味淡即上品

進入二十世紀後，這一點並沒有改變。據西元一九二三年訪問上海的三宅孤軒，在《上海印象記》的記載，當時的宴會與現在還是相當的不同。

「遇上盛宴，盛菜的碟子數量，按大、中、小一起算共有十六盤，裡面裝了魚、禽、獸、蔬菜等各種菜餚。第一道菜是魚翅，接著是燉物、湯等，第十二道菜是燕窩。燕窩之後是點心，然後離開座席。談笑之間，更換了餐桌上的桌巾、餐具，接著才上最後的四種飯菜，用飯。簡單一點的宴會，有十道、十二道菜的，這時第十道會上兩種飯菜，或第八道時上燕窩後更換席桌。」

三宅孤軒詳細記錄了料理，但未提及辛辣料理。在這一點上，後藤朝太郎的《支那料理通》可作為旁證，來證明這不是作者的遺漏。西元一九二九年出版的《支那料理通》，詳細記錄當時的中國菜餚，其中也未提到辣椒。後藤朝太郎的《支那料理通》與井上紅梅的《支那風俗》中，所收錄的「上海料理屋評判記」，都是了解一九二〇年代中國菜餚的珍貴讀物，其中對味道的介紹特別令人驚豔。

「吃中國料理時，總是會看到菜餚一道又一道端上桌。其中太鹹的菜，極易使喉嚨乾渴，因此越是上等的廚師，越能適當的控制鹽的用量。特別是蘇州一帶的料理，鹽加得極少。並非味道清淡即為上乘的料理，而是總以味道清淡來應對眾人之喜好。如果餐桌上有客人喜歡鹹味，自己拿個小碟子倒上醬油即可，而喜歡酸味的也可以倒上醋。另外還在桌上放上胡椒、芥子等的調味品，可依自己的喜好適當添加。」

此書的著者後藤朝太郎曾多次訪問中國，出版了多本遊記。上面的記載是依據實際的見聞所寫的，這種隱藏在料理中的味覺變化，連中國人本身都沒察覺到。作者正是在與日本料理作比較後，才會出現這樣細緻的觀察。

此外，作為大眾料理的麻婆豆腐據稱有約百年的歷史，但未見關於「棒棒雞」、「擔擔麵」的詳細紀錄。考慮辣椒傳來的歷史，這樣的食物最長也不過三百餘年的歷史。

填鴨、皮蛋的由來

不只是魚翅、辣椒，北京烤鴨也沒有那麼歷史悠久。中國的料理書中，很早就出現「烤家鴨」，但北京烤鴨的原型，最早只能追溯到南宋。據說明朝遷都北京時，以杭州料理中的烤鴨，作為宮廷料理被帶到了北京。

現在的北京烤鴨用的是「填鴨」。將家鴨引入暗室，將飼料填塞入鴨的嘴裡，短時間裡使其長胖。這種「填鴨」的原型——「北京鴨」也是明代才開始用這種方式飼養的。

而在文獻中，出現「填鴨」的時間要更晚一些。在夏曾傳的《隨園食單補正》中，於〈蒸鴨〉的篇章首次到「北人多填鴨，可使之剋日而肥。」這已是十九世紀中葉的事了。

北京烤鴨的烹調方法，可在《清稗類鈔》的〈京師食品〉中見到：「其製法有湯鴨、爬鴨之別，而尤以燒鴨為最，以利刃割其皮，小如錢，而絕不黏肉。」附帶說一下，現代製作北京烤鴨的專門店的始祖「便宜坊」是在西元一八六九年開店的，有名的「全聚德」則是在西元一九〇一年開店。

鮑魚的食用歷史可以追溯到漢代，而作為珍饈加以記錄的是之後很久才有的事。劉若愚的《酌中志》中記載明太祖喜歡吃鮑魚。也許到了明代，才好不容易被視為高級料理。

最初鮑魚進入宮廷料理，或與明朝統治階層多出生於長江下游有關。他們喜好海產品，隨著北遷，也將東南沿海的食物帶入了飲食文化中心。到了清代，又發生了變化，如前所述，清的順治皇帝和康熙皇帝討厭海鮮，平時不吃包括鮑魚在內的海味。乾隆以後，海鮮才再次回到了宮廷料理當中。

宴會冷盤中的名菜皮蛋，是在明朝末年發明的。據現存史料，其食用歷史最多不過三百多年。十七世紀撰寫的《養餘月禮》詳細記錄了其製作方法，朱彝尊也在《食憲鴻秘》中設「皮蛋」一節，介紹了這一食物。

頗有意味的是清代的夏曾傳在《隨園食單補證》中「醬王瓜」條下，補入了《隨園食單》中沒有記載的十個小菜。其中包括「皮蛋」。他是這樣記述的：「皮蛋，北人謂之扁蛋，又曰松花彩蛋。大約以嫩為貴。」這樣介紹後他卻說：「餘則素未入口，無從問津」。這是驗證皮蛋食用歷史不可忽視的重要證言。**夏曾傳生於道光癸卯年**（西元一八四三年），**也就是鴉片戰爭後三年**，連他也未品嘗過的食物，說明直到十九世紀中期，**皮蛋還不是日常食品**。事實上，西元一八六一年初版的王士雄的《隨息居飲食譜》中談到皮蛋，有這樣一說：「味雖香美，皆非病人所宜」。意為：皮蛋雖聞起來香吃起來鮮美，但病人不能吃。可見即使十九世紀中期，皮蛋仍被認為是對健康不利的食物。

比袁枚稍晚一些，李化楠在《醒園錄》中也介紹了這種加工食品。但當時皮蛋的名稱不是「皮蛋」，而是「變蛋」。可見地區不同，其稱呼也不盡相同。

總之，還弄不清楚皮蛋是何時在全國推廣開來的，但皮蛋成為招待客人的料理，還是很長時間過後的事。清朝的《調鼎集》中記錄了宴會的菜單。在「冷盤」的列表中，與「煮家鴨」、「酒糟雞」並列的是「皮蛋」。至於成為宴會料理，恐怕是清後期出現的。

偏僻地區的料理——海蜇，卻成宴會冷盤不可或缺的要角

與皮蛋相比，海蜇很早就為人所知。西晉的張華（西元二三二年至西元三〇〇年）著有《博物志》，裡就已提到海蜇「煮食之」。到了唐代，劉恂的《嶺表錄異》中介紹了海蜇作為涼拌菜的用法，也就是說，最遲到唐代就已出現了與現代相似的食用方法。不過，《嶺表錄異》是記錄偏僻地區風俗的書籍，海蜇也是作為「異」，即不可思議之物而被記錄。就如《博物志》裡的「越人煮食之」的記述，很可能海蜇最初只在南方沿海地區被食用。

到了清代，海蜇的食用逐漸多了起來，《食憲鴻秘》中是作為涼拌菜來介紹的，但何時成為冷盤中主選菜不甚清楚。《隨園食單》中是與「醬一、二日即吃」的「蘿蔔、醬瓜、腐乳」等歸於〈小菜單〉一類，或許十八世紀尚未在宴會上使用。到了《調鼎集》的時代，才在宴會的冷盤中出現。

03 料理變遷未必是味覺優先，文化緣由走在前

在這二十年間，中華料理發生了更為巨大的變化。我從一九九〇年代中葉開始，大約一年回一次中國。每次回到中國，都會與新的料理以及以前沒有出現過的流行相遇，目睹著那些尋求美食的人們永不滿足的追求，再次感受到中國社會不會停止的味覺進化，以及與此相伴的、生氣勃勃的食文化變動。

一年的間隔是觀察料理變化的最佳時間。食物的變化是緩慢的，若一直住在中國，反而很難注意到這些改變。而間隔時間越久，越容易遺漏許多細節變化的觀察。

這二十年來的觀察，帶給我最強烈的感受是伴隨著味覺進化的速度，中華料理表現出與此相對應的廣大包容力。

有賴這樣的特質，中華料理與其他料理幾乎沒有明確的區別。可以說中式料理本來就是由多民族的食物組合而成的，其中包含著許多不同性質的要素。正是這種多元的特質，使得

中華料理更容易接受外來的食材與烹飪方法。假設中華料理有著「悠久的傳統」，指的必然是其內含不斷變化這項特點，絕非意味著一直吃著同樣的菜餚。當然，這不僅限於中華料理，其他的料理文化也是如此。說起義大利料理，多數人最先聯想到的就是番茄。因此**很多人都以為，番茄是原產於義大利的植物，實際上，這種食材原本產於安第斯高原**，直到發現美洲大陸後，才傳入歐洲。當時的義大利人，只將其當作觀賞植物，到了十九世紀才開始大量種植，並用於料理中。回推義大切人食用番茄的歷史，僅有一百五十年至兩百年左右。如同辣椒被譽為韓國料理的「臉」一樣，番茄只花了一百五十年，就成為義大利料理的靈魂食材。所有的「傳統」都一樣，原本認為是傳統的料理之起源，經驗證後都會意外發現，其出現在餐桌上的歷史實際上非常短。

高檔食材成為尋常人家的料理

這二十年來，中華料理出現了好幾個方面的變化。首先要說到的是食材的多樣化。伴隨著經濟發展及全球化，中國從世界各國進口食材，或開始種植海外引進的蔬菜。二〇〇七年起我以訪問學者的身分，在波士頓郊區住了兩年。走進美國的超市，仿佛來到了世界食材的商品交易會般，貨架上排滿豐富的商品。現代中國雖還不能與美國相比，但像澳洲的大龍蝦、智利、祕魯等南美各國產的海鮮、東南亞的水果等，中國也進口各式各樣來自國外的海鮮和農產品。

原本中國料理的烹飪方法種類很多，不管是何種食材，只要下功夫，無不可以利用。如「奶油菜心」，乍一看與中華料理不相配的牛奶，也可以發揮其風味的特色，與中式菜餚完美結合。不管是番茄，還是洋蔥或土豆，或煮或焯，都能做出很像樣的家庭料理來。就連生菜，用大火快速爆炒，也是美味的一品。這在西餐中，都是難以想像的烹飪方法。

當然，在外來食材中，有能廣泛利用的材料，也有不太能利用的食物。現在用得最多、且很有人氣的是鮭魚和大龍蝦。既可以拿來炒，生食也很受歡迎。

就在十年前，還不太見到蒙古口蘑（編按：為生長在蒙古草原的白色傘菌屬野生蘑。由於產量少，為中國市場上相當高貴的食材）、金針菇、杏鮑菇等蘑菇類的材料，現在已是百姓餐桌的常客；鵝肝雖是法國的食材，現在也可以在許多餐廳的菜單裡見到。

蒸、煮、炒、炸之外，文化融合體現在廚藝上

接下來要議論的是烹飪方法的變化。西元二〇〇一年左右，北京、上海等主要城市的餐廳裡，流行帶有「避風塘」一詞的菜名。點菜時，遇到肉類菜餚或魚類菜餚時，常會聽到服務生問：「要炒的，還是避風塘特製？」」一開始完全不懂什麼意思，好奇心驅使下點了一道來嘗鮮，才知道是迄今為止未見過的烹飪法。

「避風塘」原是香港水上生活者居住的區域，是避開大風的水域。海灣彎進陸地的區域，可避開颱風的襲擊，是以漁人的避難所。由於地理上方便，漁船經常停泊於此，船隻的數目也漸漸增加。隨著人口增加，不久就形成了一大片水上人家。在此生活的居民，不知不覺間形成了獨特的文化，也出現陸地上看不到的菜餚。最為人知曉的就是「避風塘沙蟹」（炒大沙公），是一種風格獨特的蟹類料理。日式的說法即為「漁夫料理」，做法並不難。首先，將切成大塊的蟹，像油炸那樣用大量的油炒熟。然後再放入切成片的大蒜、辣椒加豆豉炒，大蒜炒過後，與蟹肉混合後菜就做好了。這是別的地區沒有的獨特方法，因而以地名來冠名菜名。

西元二〇〇〇年時的北京，不僅有避風塘的菜餚，避風塘的烹飪法也在魚類、肉類的菜

餚中使用，一時成為一種風潮。但這種流行沒有持續多久。不知不覺間用這種烹飪法做的菜，在菜單上消失了，而「避風塘」一詞反倒成了餐廳的名字。許多人甚至不知道，避風塘曾是一種烹飪法。食物的流行，有時比起時尚潮流的變化還快速。

飲茶[3]雖已從一時的潮流，成為中式早餐的固定選擇之一，但其中的餐點也如時裝潮流般，不斷推陳出新。蝦仁水餃這樣的主流點心，一直有極高的人氣，而各店家獨自推出的品項，雖可能流行一陣子，但一、兩年後很快就會消失。數年前，我曾在飲茶的餐廳中，吃過餡餅上放中式食材烤熟的食品，第二年再去時已經看不到了。

西元二〇一三年，上海流行泰國料理，市裡出現多家泰國料理店。現在中華料理烹飪方式雖還沒受泰國影響，但也許隨著人氣提升，以後被用到中國菜中也不足為奇。

吃氣味到吃裝潢，好看勝於好吃

第三點要討論的社會現象，是料理名稱的變化，本書在序章中已點出這個現象。一九九〇年代有一段時間，很流行討吉利的料理名，不過，不久又返回原來的命名方法。或許緣於飲食業界的激烈競爭，這之後吸引人們眼球的料理名，如雨後春筍般出現。

西元二〇一二年三月，我參加研究所學生的畢業旅行，時隔多年再度訪問北京。那段時間裡，我發現餐飲中出現了許多讓人想起滿族、蒙古族貴族料理的菜餚。打開「那家小館」的飯店菜單，映入眼簾的是「滿族董豆皮羊魚卷」、「滿族蜜棗素」等料理名。搞不懂是什麼菜，向店員詢問後還是有聽沒有懂。誰也弄不懂是否真的滿族料理。也許有的客人，就是被新奇的料理名吸引而點來嘗鮮，於是這樣的命名方法就流行起來。

實際上，不只是「那家小館」，仿膳飯莊、北京烤鴨專門店的菜單，也出現像「蒙古親藩烤牛肉」、「貝勒烤羊肉」等莫名其妙的菜名。不只是名稱，端上來的菜餚從外觀來看，就與原來的中國菜不同（見下一頁圖表7-1）。再查一下當時的筆記，確實記下在「那家小館」吃過的菜餚名稱：「杏乾小月生、那家脆藕鵝、富貴黏年糕、那家自製豆腐、龍豆腐燥灌腸、油皮素捲、芙蓉捲菜、老北京酥肉方、宣紙魚片……」看著這些名稱，沒有一個是我認識的菜，從菜名上能夠直接理解的，只有「蔥花餅」和「炸醬麵」。

西元二〇一二年前後，北京流行起了「官府菜」。「官府」原意是「衙門」。所謂「京

3　這裡的飲茶是指以中國廣東一帶為中心的一種飲食文化，邊品嘗點心，邊喝茶的飲食方式。點心以餃子、饅頭等食物為主。

城官府菜」聽起來有清朝王公貴族、高級官員所品嘗的料理的感覺。經營這種菜的有名餐館有「厲家菜」、「白家大宅門食府」、「格格府」等，而這種流行能持續多久，沒人能預測。

「官府菜」和「仿膳」（宮廷料理）一樣，從其本質上來看，都是基於想像的仿作，是不是真實並不重要，因為誰都不知道真正的「官府菜」和宮廷料理是什麼樣的。從餐廳角度來說，讓顧客感受到官府或宮廷的氛圍，就達到目的了；從顧客的角度來說，只要心理上認為，品嘗到皇帝或達官顯貴吃

圖表 7-1　滿族董豆皮羊魚卷

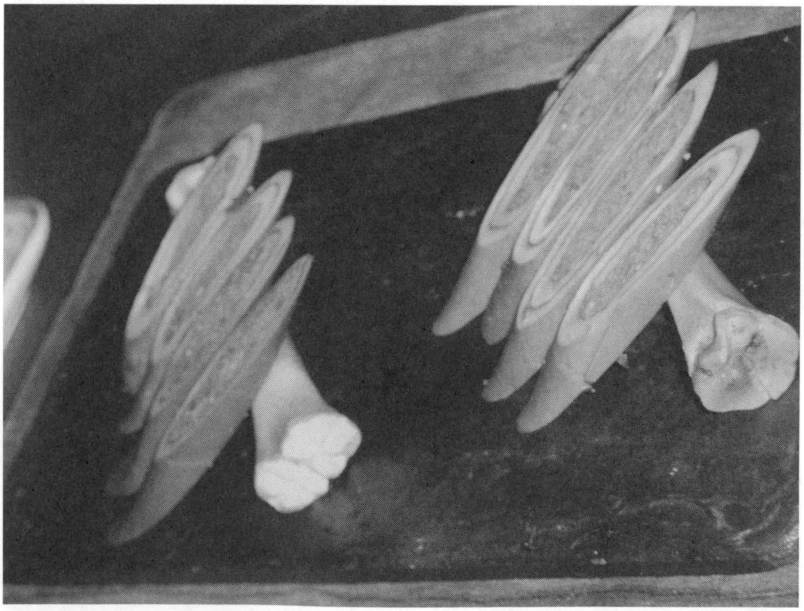

▲ 打著滿族名號的特色料理，成為中國菜的新潮流。

過的菜餚，便會心滿意足。因此，對雙方來說，如何「進入角色」很重要，所以這類餐館特別注重建築造型、裝潢、器皿與排場。

中國確實很大，雖然北京流行開來了，其影響範圍還是有限。上海、廣州等大城市，在同時期流行的飲食又不一樣。另外，同樣的城市由於餐廳不同，味道也不盡相同。因此，在中國各城市皆可看到一方面有裝潢具現代感的餐廳，也有以一九五〇、一九六〇年代的平民菜餚為賣點的餐廳，還有以文化大革命中難吃的食物為招牌，來招攬人氣的餐廳。

用不能吃的食材來擺盤，奢華中見節約

更令人驚訝的是，中式菜餚的擺盤裝飾以及食器的變化。

中國人對待食物，相對於對其歷史、傳統的重視，更關注其美味與新穎。不僅要求食材、烹調法的進步，更追求新式擺盤、盛菜的方法和新穎的食器。

以前多數人對中式料理的印象，多半是坐定後，菜就一次出齊，因此可以看到滿桌豐盛的菜。但現在卻像法國料理那樣，菜是一道一道端上來的。根據客人的要求，也可以提供每位客人一份的分食服務。點菜方式也發生了變化，幾乎很少人點套餐，看菜單點菜成為現在

的主流。

盛菜方式也不一樣了，過去是整個菜直接盛入器皿中；現在盛菜量少了，會加上龍蝦、螃蟹的外殼等做一些裝飾，或擺出漂亮的造型。這些方法都讓人聯想起，日本料理或法國料理中的擺盤及盛菜的方法。也許廚師間並非沒有互相模仿的意識，但看到外國料理的照片、實物，是會得到一定的啟發。

最有趣的是食器的多樣化。我從小至一九八〇年代，用來裝食物的器皿，一律都是圓形的。偶爾會有橢圓形的，但從未見過其他的形狀的食器。

然而，現在從正方形的器皿開始，有長方形、橢圓形、波浪形、魚形、花型等各種形狀的器皿，其中還有有獨特造型的器皿。其實早在宋、明時代，就有各種形狀的食器，是近代以來，特別是進入社會主義時期，只重視實用性，器皿的形狀變得單一化。在二〇〇〇年以後，食器的設計變得豐富，可能是受到日式食器的刺激。

不只如此，飲食習慣及餐桌禮儀也發生一連串的變化。不久前招待客人時，主人會點許多菜，認為讓客人吃完後有很多菜剩下來，才是有面子。而現在點菜則是按能吃的量來點，如果點得太多了，餐廳的招待就會勸說：「已經夠多了。」而委婉的阻止。有吃剩下的菜，也會打包帶回家。

不變則亡，充滿生命力的中菜魂

我的一位遠房親戚，在上海的一間餐廳裡當經理。我每次去上海，都會去那家菜館，發覺每次去，菜單都不一樣。想再點一年前吃過的菜，得到的多數的回答是已經沒有了。詢問緣由，是因為以前的廚師已不在此工作了。聽說上海的廚師換工作很快，特別是有名的主廚，各家大飯店都出高價挖角。問起這樣是否讓經營者很為難，得到的回答有點意外：廚師的流動其實是件好事。因同樣的菜單一直不變，客人會感到厭倦。相反的，端出來的菜餚能定期變換，客人對餐廳的評價就會提升。這樣說起來，香港也是一樣。我有一段時間每年去香港，聽到很多餐廳改店名、換老闆。也是因為廚師換人，菜單也跟著變了，連茶樓也不例外。

當然，也有以「悠久傳統」作為招牌、主打百年老舖的店家，但成功的案例很有限。就拿北京烤鴨來說，像「全聚德」這樣聞名國際的餐廳。過去事前不預約，就沒有座位，生意十分興隆，而現在卻淪落過去無法想像的冷清。取而代之的是新興的「大董烤鴨店」，無時無刻不是高朋滿座。這家店以去除北京烤鴨的脂肪，做成不油膩的烤鴨為賣點。講究以柔軟的肉質與鬆脆的烤鴨皮為特色，創造過去沒有的味覺感受。同時下功夫做餐廳的內部裝修，主打現代風格。這樣的努力顯然奏效，西元二〇一二年去那裡用餐時，店內完全沒有空桌。

「全聚德」堅守過去的風味客人反而離開，是頗具象徵性的事件。跟不上時代變化的餐廳，早晚要被消費者唾棄。脂肪多的菜餚是貧困時代的美餐盛宴，而現在則成了不健康的代名詞。不採取與時代並進的辦法，即使是老鋪，也難免被淘汰的命運。

仔細驗證料理的變遷，定會發現其中的緣由，而文明的推進，往往就在此時發生。

結語

中式料理在中國失傳，在香港、臺灣得以保留

歷史的因果關係有時非常不可思議。如果明王朝的京城不從南京遷往北京的話，或者中國沒有出現滿族的統治的話，中華料理也許會與現在的形式有巨大的差異。代表南方系的明朝皇室在十四世紀，將長江下游地區的飲食習慣帶到了北方，促進南北文化的融合。至十七世紀，清王朝的成立又使得為數眾多的滿族料理占據了文化的中心位置。如「滿漢全席」一詞所象徵的那樣，中華料理最大的特徵就是其多元性。

由於中國幅原遼闊，以至於對庶民來說，「中華料理」經常就意味著某個地區的料理。出身地區的不同，飲食生活就會有極大差異，甚至互相來往間都因此感受劇烈的文化衝擊。南北之間，沿海地區與內陸地區之間，主食也好，副食也好，種類之繁多令人驚嘆。同樣是米，外觀、味道會不同。豆腐也因地方不同，品種各式各樣。近代文學家梁實秋曾說過，南方的茄子與北方的茄子在大小、水分等方面都不盡相同，不能用同樣的方法來烹飪。豈止是茄子，蔬菜的種植地不同，食用方法也會跟著發生變化。

不僅是菜餚，飲食習慣、祭品也因地區不同而各不相同。比如，長江下游地區豆腐是葬禮上的禮儀食品，招待參加葬禮的人吃飯叫做「（吃）豆腐飯」。因此，豆腐被認為是不吉

利的，結婚、生日等慶賀宴上，一般不上豆製品。比較迷信的人連出遠門前一天，也不吃豆腐；招待客人時，絕對不能端上桌。但其他的地區沒有這樣的習慣。有的地方作為招待客人的菜餚，將豆腐端上宴席。這種例子可以說比比皆是。

傳統的味道，到香港、臺灣才吃得到

本來「傳統菜餚是什麼」？就是一個難以解答問題。「傳統」既然不能用歷史的長度來衡量，對這個詞的使用也許應謹慎為妙。

如果假設在遭遇西方之前，清末的料理傳承了傳統，到今天，**與「傳統」味道相近的不是大陸的菜餚，而是香港、臺灣的菜餚**。中華人民共和國成立後，為中華料理帶來無法估量的影響。特別是高級料理，變化更是激烈。

西元一九四九年以後，除了極少的高級幹部，已經沒有人再去品嘗所謂的山珍海味了。就算是有錢，也吃不到這樣的菜了。特別是一九六〇年代以後，燕窩、熊掌、魚翅等美味，徹底的從民間的餐桌、餐廳的菜單上消失了。中華料理的主要烹飪方法並沒有變。但食材的範圍變得極其狹窄。在大陸，燕窩、魚翅重回餐桌是改革開放後的情況了。

假設西元一九四九年時，香港、臺灣也納入中華人民共和國的版圖，高級料理存在的空間就會徹底消失。隨之而來，就不可能有改革開放後香港料理的北進。諷刺的是，共產黨與國民黨的政治鬥爭，甚至可以投射到料理的分布圖上。歷史上，無論百姓的意願如何，**政治確實很大程度上左右著飲食文化**。

將來，中華料理何去何從，這類文化的變動比政局還難以預測。但隨著速食、外國料理不斷進入中國社會的趨勢發展，中華料理肯定會持續進化。

解說

黃粱美夢後的醒悟

日本文學家　佐佐木幹郎

唐代的傳奇小說《枕中記》中有名為「邯鄲枕」的故事。常被人們稱為「邯鄲夢」、「黃粱美夢」、「一枕黃粱」等。

作者沈既濟是八世紀後半葉的人，「邯鄲枕」正是那個時代的故事。主角盧生，在趙國都城邯鄲的茶店裡，與一位道士相遇，借來陶枕睡了一會兒午覺。在夢中，他體驗了跌宕起伏的人生，最後成為一國國君，完成了他夢想出人頭地的一生，但醒來睜開眼睛，睡前在火上燒著的黃粱米飯還沒煮好，原來小睡了片刻，故事盡顯榮枯興衰中的人生無常。在日本這也是廣為人知的故事，更是能劇、小說、單口相聲中常用的素材。

然而，我每次想起了這故事，老會唸叨著茶店裡煮著的「黃粱飯」。據說「黃粱飯」就是粟米粥。不知此物在當時是否是貧困者的食物，還是上等的食物？好像是當時茶店中供應的一般食物，不知味道如何？用什麼餐具來吃的？筷子、還是湯匙？

沒有什麼比食物更能告訴人們文化之差異。即便在日本，每個地區的飲食文化都不相同，每個時代的飲食方法、調味料、烹飪方法都較前面的時代有所變化。而要把握其他國家的這種情況，要獲得其研究線索則更為困難。很多情況下，日常生活中飲食文化的種種細節，很難一下子釐清。所幸藉由此書，我了解在中國古代的「粱」，原來是「上等的粟」，又代表「高級的糧食」。

「邯鄲枕」這個故事發生的舞臺，正是中華文化的發祥地——黃河流域中下游的「中原」地區，現在的河北省邯鄲市。

本書作者在書中這樣描述了中原地區的主食：孔子（西元前五五一年至西元前四七九年）出生時，「中原地區稻米是奢侈的食物，豆則是窮人的糧食……黍是最好的主食，為上流階級所喜歡。曾為高級官吏的孔子也許是以粟和黍米為主食的。可能偶爾會吃一點稻米，但稻米不可能成為主食」。

到了唐代，稻米在中原普及開來後，粟在書中記載作「黃粱」，還是上等的食物之一。而本書中提及「粟也是主食」一段中，推測出古代做飯的器具。認為「粟或黍以現在的煮飯方式來燒煮，並不好吃」，「也許是煮了以後再用蒸籠蒸」。這樣的煮飯的方式一直到最近，還是中國部分地區煮飯的方式。

也就是說，「邯鄲枕」的主角盧生做夢的那段時間裡，正在煮的「黃粱飯」雖是粟粥，但不是僅將粟放在水裡煮，而是煮熟後放在蒸籠裡蒸的。茶店裡應是彌漫著蒸籠裡飄出來的香味。

而那時的人們，並不是用筷子來吃這「黃粱」的。在唐代吃飯時，不是用筷子，而是用湯匙。筷子是撈出湯中的食材時，才使用到的食具。

像這樣不斷追究一部傳奇小說中，出現的食物及食用方法的各種細節，逐漸的，故事中的人物就會越來越立體，這確實非常不可思議。讀過有關食物的文章後，儘管時代久遠，由於味覺、嗅覺、觸覺沒有發生變化，透過親身的體驗，就能觸及到當時人們的生活。

本書的作者張競，是我所知的最為優秀的，以中國、日本為對象進行比較文化研究的精銳學者。他的看家本領不僅是學術性文獻方面的功夫，還在於透過實地調查，挖掘出兩國文化的差異，由此來說明不同文化間交流的方式。作者在這方面體現出的觀點之豐富、方法之新穎，可說無人能出其右。首先讓人驚嘆的是其手法的精熟。我曾經兩度與他一起來到經濟開放後的上海，進行城市調查。書中也提到了西元一九九四年八月，在他相隔九年半回到上海時的情形。「同行的有幾位是日本人」，其中之一就是我。其實，是我邀請作者作為調查團的一員，參加這個活動。起因在於我讀了他所撰寫的《「戀」之中國文明史》。這部著作以「戀愛」為主題，深入考察了中國文人圍繞著這個主題，是如何表達的長篇歷史。這樣的著述不僅在中國，在日本也很少見。不管怎樣，**如果他在中國，恐怕無法以這樣的題材寫論文**。僅以戀愛為研究對象，在中國（過去也好，現在也好）都會喪失學者的資格。從他那裡聽說，明代的戀愛小說《金瓶梅》，也是到了日本之後才讀到的。

然而，西元一九九四年的張競，他坐在上海餐廳的座位上，看到菜單則是一臉驚訝。書中對當時的情景這樣寫道：「更令人吃驚的是第二天的餐桌。自以為是本地人熟門熟路，進了餐館，打開菜單一看，卻是一頭霧水——我完全看不懂菜單。」實行經濟開放政策之後，香港料理大量進入大陸，新菜單增加，過去常見的菜單消失了。即便是讀了漢字，也無法想像出這是什麼料理。就像日本人見到，看不慣的漢字所造的辭彙寫成的菜單，或片假名的菜單，雖然能發音卻讀不懂（想像不出來）的狀態。那時我所看到作者驚訝的表情，是經濟開放後的中國，經激烈變化最為切實的寫照。主打香港菜的餐廳大都以「潮州菜」為名，是廣東菜進入香港後，開發出來的各種新菜色的概稱。

在日本，有許多以「上海料理」命名的餐廳。去上海進行考察之際，作者告訴我，在中國沒有定義為「上海菜」的一類菜餚。確實，在上海沒有看到任何一家餐廳掛著「上海菜」的招牌。上海，自然也有上海獨特的菜餚，而其調味料，是以江蘇的「揚州菜」為本。

旅行的過程中，得到本土菜餚的相關知識，就如同在這個國家的歷史中旅行一樣。特別是聽了在這裡長大，有實際做菜經驗的人解說，就能**一下子融入到不同文化的精髓之中**。現在的中國男性，很多人都擔當起了家裡做飯菜的任務。因為很多情況下，夫妻兩人都在工作。作為學者的張競也是這樣，因而我在與他一同旅行之時，向他討教了不少。比如，關於豆腐菜。本書的結語中涉及一些關於豆腐菜餚的話題：「長江下游地區豆腐是葬禮上的禮儀食品，招待客人時絕不能端出來，但其他的地區沒有這樣的習慣。」

我會了解這種情況，是與他一起到上海的火葬場去調查時。在葬禮結束後，人們聚集在餐廳裡一起用餐，我看到在所有餐桌上，都放滿了豆腐的菜餚。因此我詢問作者，為什麼都是豆腐？他對我說，在上海這是理所當然的事。而此後我們一行的話題，議論到了**在日本的黑社會中，要招待從監獄裡被放出來的同伴，用的就是豆腐**。接著又談到豆腐料理的文化，從長江下游過東海來到日本後，以何種原因、在何時變化為了日本的方式，注意到了豆腐作為素齋料理之外，還有一種文化存在。

在書中，作者稱「中國菜與日本料理，有兩個方面很不相同」。一是「日本除了魚，在烹調時是不留下動物的型態的」，而中國會保留動物的原形。另外，在日本「不論是正式場合，還是家庭烹調，都不用家畜的頭、腳、內臟」，在中國菜卻經常可見其蹤跡。作者在日本與中國在祭祀禮儀上的差別上探尋其中的差別。確實日本人拒絕將整隻動物拿來煮，唯獨保留魚的原形（比如，有頭尾的鯛魚），供奉在神佛的祭壇上。「祭祀結束後，供品自然就成了祭祀的人們的食物」。**在沖繩時，曾看到豬的頭、腳被排放在市場上**，足以讓人嚇一跳，這是**沖繩料理深受中華料理影響的證明**。作者指證：祭祀時神吃的食物人也吃，正切中中國飲食文化中的根本。

「將來，中華料理何去何從，這類文化的變動比政局還難以預測。」作者在結語中的這句話充滿了幽默感。中華料理不只是中國的料理，而是在不同文化互相交流中，去探索其中的究竟。

國家圖書館出版品預行編目(CIP)資料

餐桌上的中國史：歷史有溫度，每天冷熱生猛的現身在我們吃的料理／張競著；方明生、方祖鴻譯. -- 臺北市：大是文化，2017.12
288 面；17×23 公分. --（TELL；10）
譯自：中華料理の文化史
ISBN 978-986-95313-0-6（平裝）

1. 飲食風俗　2. 文化史　3. 中國

538.782　　106014161

TELL 010

餐桌上的中國史

歷史有溫度，每天冷熱生猛的現身在我們吃的料理

作　　者／張　競
譯　　者／方明生、方祖鴻
校對編輯／林杰蓉
美術編輯／邱筑萱
主　　編／賀鈺婷
副總編輯／顏惠君
總 編 輯／吳依瑋
發 行 人／徐仲秋
會　　計／林妙燕
版權主任／林螢瑄
版權經理／郝麗珍
行銷企畫／汪家緯
業務助理／馬絮盈、林芝縈
業務經理／林裕安
總 經 理／陳絜吾

出 版 者／大是文化有限公司
臺北市衡陽路 7 號 8 樓
編輯部電話：（02）23757911
購書相關資訊請洽：（02）23757911 分機122
24小時讀者服務傳真：（02）23756999
讀者服務E-mail：haom@ms28.hinet.net
郵政劃撥帳號 19983366　戶名／大是文化有限公司

香港發行／里人文化事業有限公司 “Anyone Cultural Enterprise Ltd”
地址：香港荃灣橫龍街 78 號正好工業大廈 22 樓 A 室
22/F Block A, Jing Ho Industrial Building, 78 Wang Lung Street,
Tsuen Wan, N.T., H.K.
電話：（852）24192288
傳真：（852）24191887
E-mail：anyone@biznetvigator.com

封面設計／孫永芳
內頁排版／顏麟驊
印　　刷／緯峰印刷股份有限公司
出版日期／2017 年 12 月
2017 年 12 月 20 日初版3刷
定　　價／新臺幣 340 元
I S B N　978-986-95313-0-6